AF359573

LA FORTUNE

DES

MONTLIGNÉ

PAR

M. MARYAN

DEUXSIÈME ÉDITION

PARIS

BRAY ET RETAUX, LIBRAIRES ÉDITEURS

82, RUE BONAPARTE, 82

1881

GÉOGRAPHIE GÉNÉRALE

FAISANT SUITE AU DÉPARTEMENT

DEUXIÈME PARTIE.

NOTIONS PREMIÈRES SUR LE GLOBE.

1. La terre et sa forme. — Le département qu'on vient d'étudier n'est qu'une partie de la FRANCE. La France est un ÉTAT, c'est-à-dire la *réunion d'un grand nombre d'hommes formés en société*, obéissant à des lois et à un gouvernement commun.

La France est voisine d'autres États qui font comme elle partie de l'EUROPE.

L'Europe est une des CINQ PARTIES DU MONDE. Les quatre autres sont : l'ASIE, l'AFRIQUE, l'AMÉRIQUE et l'OCÉANIE.

L'ensemble des cinq parties du monde est la TERRE ou le globe terrestre, qui a presque la forme d'une sphère ou d'une boule.

Au premier abord, la terre ne semble pas ronde, car, aussi loin que s'étend la vue, elle nous paraît plate. Pour s'assurer du contraire, il suffit, si l'on est

Fig. 1.

sur le bord de la mer, d'observer un navire qui s'éloigne : on voit disparaître successivement la partie inférieure, puis la partie moyenne (voiles basses), enfin la partie supérieure (extrémités des mâts) (fig. 1). Il faut donc que la surface de la terre s'interpose entre le navire et nous, ce qui ne peut arriver que si la terre est ronde. En effet, si la terre était plate, ces parties

1

disparaîtraient dans l'ordre inverse, et les plus minces, c'est-à dire l'extrémité des mâts, s'effaceraient d'abord à la vue ; on verrait, aussi loin que la vue pourrait s'étendre, le navire qui paraîtrait très-petit il est vrai, mais tout entier.

2. Axe et pôles. — L'axe de la terre est une ligne qui traverse la terre en passant par son centre (fig. 2).

Les deux points où cet axe perce la surface de la terre sont les POLES : l'un d'eux, le plus près de notre région, prend le nom de *pôle nord* ou *boréal* ; le pôle opposé, celui de *pôle sud* ou *austral*. La terre est *aplatie aux pôles*.

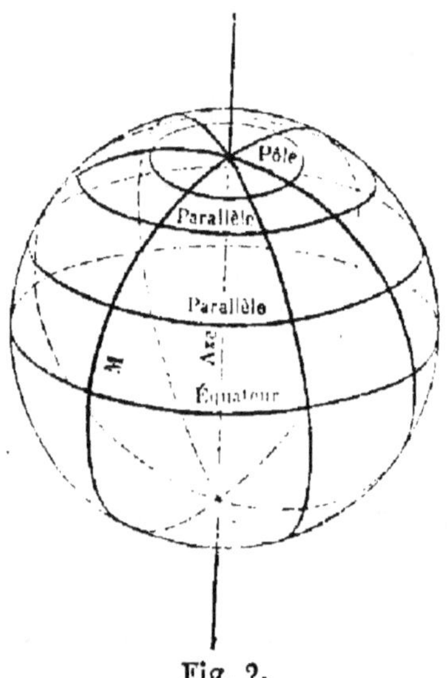

Fig. 2.

3. Équateur. — On appelle équateur un cercle qui est à égale distance des deux pôles et qui partage ainsi la terre en deux portions égales ; ces portions sont désignées sous le nom d'HEMISPHERES, c'est-à-dire demi-sphères ou demi-boules ; l'hémisphère qui contient le pôle nord est *l'hémisphère nord* ou *boréal* ; l'autre est *l'hémisphère sud* ou *austral*.

4. Parallèles et méridiens. — On appelle *parallèles* les petits cercles (1) tracés sur la surface de la terre parallèlement à l'équateur. Les *méridiens* sont des grands cercles qui passent par les deux pôles et qui coupent l'équateur.

5. Cercles polaires et tropiques. — Les deux parallèles qui se trouvent, l'un au nord, l'autre au sud de l'équateur, au quart à peu près de la distance de

(1) Un cercle tracé sur une sphère est appelé PETIT CERCLE, quand il ne passe pas par le centre de la sphère, et par suite quand le rayon est plus petit que celui de la sphère ; il est appelé GRAND CERCLE quand il passe par le centre de la sphère, et que, par suite, il a même rayon qu'elle.

l'équateur à chacun des pôles, s'appellent *tropiques :* celui de l'hémisphère nord est le TROPIQUE DU CAN-CER ; celui de l'hémisphère sud est le TROPIQUE DU CAPRICORNE (fig. 3).

Les deux parallèles qui se trouvent, l'un, au nord, l'autre au sud de l'équateur, aux trois quarts à peu près de la distance de l'équateur à chacun des pôles, s'appellent *cer-*

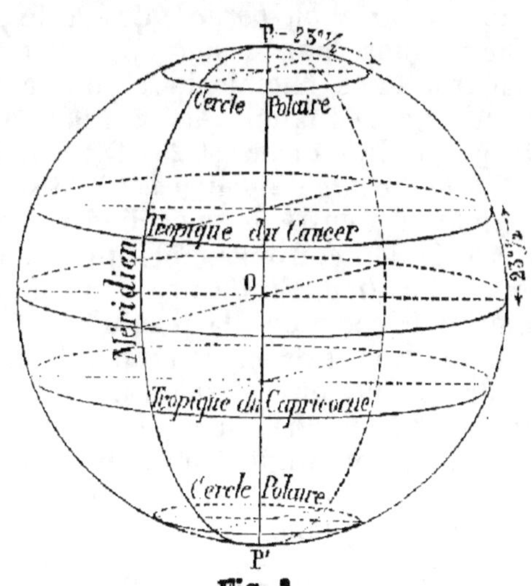

Fig 3.

cles polaires : celui de l'hémisphère nord est le CERCLE POLAIRE ARCTIQUE ; celui de l'hémisphère sud est le CERCLE POLAIRE ANTARCTIQUE (fig. 3).

6. Zônes. — Ces cercles partagent la terre en cinq tranches parallèles à l'équateur : ce sont *les zones,* que l'on désigne par les qualificatifs indiquant la température qui règne dans chacune d'elles.

LA ZONE TORRIDE (brûlante) comprise entre les deux tropiques est ainsi appelée parce que la chaleur y est plus grande que partout ailleurs.

LES ZONES GLACIALES sont ainsi désignées à cause de la rigueur du froid qui s'y fait sentir ; la *zone glaciale du nord* est comprise entre le pôle nord et le cercle polaire arctique ; la *zone glaciale du sud* est comprise entre le pôle sud et le cercle polaire antarctique.

LES ZONES TEMPÉRÉES jouissant, comme l'indique leur nom, d'un climat ni très-chaud, ni très-froid, sont situées, l'une au nord, la *zone tempérée boréale,* entre le tropique du Cancer et le cercle polaire arctique ; l'autre au sud, la *zone tempérée australe,* entre le tropique du Capricorne et le cercle polaire antarctique.

7. Latitude et longitude. — La *latitude* d'un lieu

est la distance, comptée sur un méridien, à laquelle le parallèle passant par ce lieu se trouve de l'équateur ; elle est *nord* ou *boréale* quand le parallèle est dans l'hémisphère nord ; *sud* ou *australe* quand le parallèle est dans l'hémisphère sud, et on la compte à partir de l'équateur de 0° à 90°. Ainsi la latitude du tropique du Cancer est 23° 1/2 (fig. 3).

La *longitude* d'un lieu est la distance, comptée sur l'équateur, entre le méridien passant par ce lieu et un méridien conventionnel qui prend le nom de *premier méridien*. En France on a adopté comme premier méridien celui de Paris, qui partage la terre dans le sens de son axe en deux hémisphères, l'un oriental situé à droite ou à l'est du méridien, l'autre occidental situé à gauche ou à l'ouest. Il y a par suite deux sortes de longitude : longitude *orientale* quand elle est comptée à l'*est* du premier méridien, longitude *occidentale* quand elle est comptée à l'*ouest*.

8. Situation d'un lieu. — La latitude d'un lieu indiquant le parallèle sur lequel le lieu se trouve, et la longitude de ce même lieu indiquant d'un autre côté son méridien, il est évident que le point où ce méridien coupe le parallèle donne la position exacte du lieu en question. Donc *la position d'un lieu est parfaitement déterminée par sa latitude et sa longitude.*

9. Mouvement de la terre. — Le soleil semble tourner autour de la terre, mais c'est le contraire qui a lieu ; la terre tourne autour du soleil. Ce qui produit l'illusion, c'est un second mouvement qu'a la terre et en vertu duquel elle tourne sur son axe absolument comme la toupie tourne sur le clou qui la traverse. Il en résulte que chaque point de la surface vient successivement passer devant le soleil qui est fixe et qui cependant paraît se rapprocher ou s'éloigner, tandis que c'est le point qui se rapproche ou s'éloigne. Le même fait se produit quand, en bateau, en voiture ou en chemin de fer, on regarde par la portière : les arbres de la route paraissent fuir en arrière, tandis que c'est la voiture qui va en avant.

Ainsi, la terre tourne sur elle-même, et elle accomplit ce mouvement qu'on appelle *rotation diurne* en vingt-quatre heures. Comme elle ne présente au soleil que la moitié de sa surface à la fois, il fait *jour* pour cette moitié éclairée, et *nuit* pour celle qui reste dans l'ombre ; naturellement, par suite de la rotation, la nuit remplace le jour successivement pour chaque point de la surface du globe.

Outre cette rotation sur elle-même, la terre a un autre mouvement : elle tourne autour du soleil, de même que la toupie tourne en rond sur le sol, tout en pivotant sur elle-même ; pour accomplir le tour complet du soleil, la terre met 365 jours 6 heures et quelques minutes, c'est-à-dire *une année*, et, suivant la position que pendant cette année elle occupe autour du soleil, on dit qu'on est dans telle ou telle *saison*. C'est ce qu'on appelle *la translation annuelle* de la terre.

10. RÉSUMÉ DES NOTIONS SUR LE GLOBE. — La terre est *ronde*, mais légèrement aplatie aux pôles.

On appelle AXE, une ligne qui traverse la terre de part en part en passant par son centre, et autour de laquelle la terre exécute son mouvement diurne. On appelle PÔLES les deux points où l'axe perce la surface de la terre : l'un est le *pôle nord* ou *boréal* ; l'autre est le *pôle sud* ou *austral*.

L'ÉQUATEUR est un grand cercle tracé à la surface de la terre à égale distance des pôles ; il partage la terre en *hémisphère nord* ou *boréal* et en *hémisphère sud* ou *austral*.

Les PARALLÈLES sont des cercles parallèles à l'équateur. Les MÉRIDIENS sont des grands cercles passant chacun par les deux pôles et coupant l'équateur. Le méridien passant par Paris est, en France, le *premier méridien* à partir duquel on compte tous les autres.

La LATITUDE est la distance d'un lieu à l'équateur ; elle est boréale ou australe, suivant qu'elle est au nord ou au sud de l'équateur. La LONGITUDE est la distance d'un lieu au premier méridien ; elle est dite orientale ou occidentale suivant qu'elle est à l'est ou à l'ouest du premier méridien.

Les TROPIQUES et les CERCLES POLAIRES sont des parallèles, entre lesquels sont comprises cinq zônes : la ZONE TORRIDE est entre le *tropique du Cancer* au nord et le *tropique du Capricorne* au sud. Les deux ZONES TEMPÉRÉES sont comprises, celle du nord entre le *cercle polaire arctique* et le tropique du Cancer ; celle du sud entre le *cercle polaire antarctique* et le tropique du Capricorne. Les deux ZONES GLACIALES sont les deux calottes comprises entre chaque cercle polaire et le pôle voisin.

La terre tourne sur elle-même en 24 heures : c'est ce qu'on appelle *sa rotation diurne*, qui est la cause de l'alternative du jour et de la nuit. Elle tourne aussi autour du soleil en une année et sa position pendant cette période détermine les saisons; c'est ce qu'on appelle *sa translation annuelle*.

CONTINENTS ET MERS.

11. Les continents. — La surface du globe terrestre ne présente pas seulement des *terres* ; celles-ci sont entourées et séparées les unes des autres par les *mers* qui occupent presque les trois quarts de la surface totale. L'hémisphère nord renferme la plus grande quantité des terres, et l'hémisphère sud est au contraire presque entièrement couvert par les eaux.

Les terres sont distribuées sur le globe en trois grandes masses qui portent le nom de *continent*.

On distingue trois continents : l'*ancien*, le *nouveau*, et le *continent austral* (fig. 4).

L'ANCIEN CONTINENT, le plus vaste et le plus anciennement connu, comprend trois parties du monde : l'*Europe* qui a une étendue d'environ 10 millions de kilomètres carrés, l'*Afrique* trois fois grande comme l'Europe et l'*Asie* plus de quatre fois grande comme l'Europe.

LE NOUVEAU CONTINENT, ainsi nommé parce qu'il n'a été découvert qu'en 1492 par Christophe Colomb, comprend une partie du monde, l'*Amérique* qui mesure plus de 40 millions de kilomètres carrés et se divise en AMÉRIQUE DU NORD et en AMÉRIQUE DU SUD.

LE CONTINENT AUSTRAL est le plus récemment connu et comprend l'Australie, vaste territoire presque

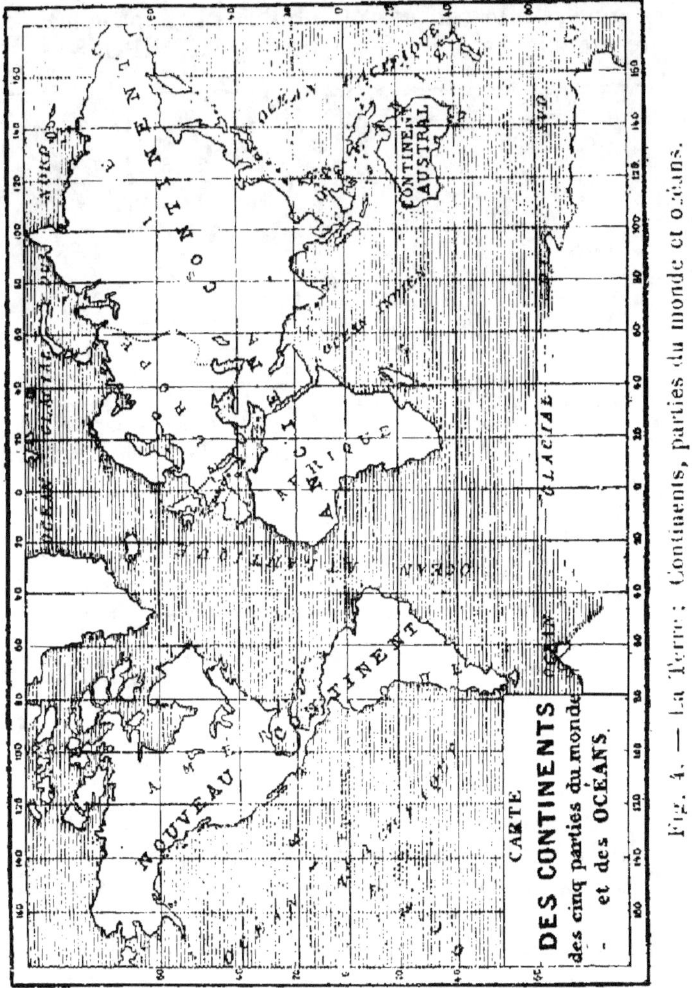

Fig. 4. — La Terre : Continents, parties du monde et océans.

aussi étendu que l'Europe. Il diffère des autres continents, en ce que, au lieu de renfermer une ou plusieurs parties du monde, il appartient à l'Océanie, la cinquième partie, qui se compose en outre d'un nombre considérable d'îles plus ou moins grandes disséminées dans les deux hémisphères entre l'ancien et le nouveau continent.

12. Iles. — Quand, au lieu de grandes masses de terre, les mers n'en entourent que de petites parties, celles-ci prennent le nom d'ILES (fig. 5). Quand les îles sont réunies en grand nombre et rapprochées les unes des autres, elles forment des ARCHIPELS.

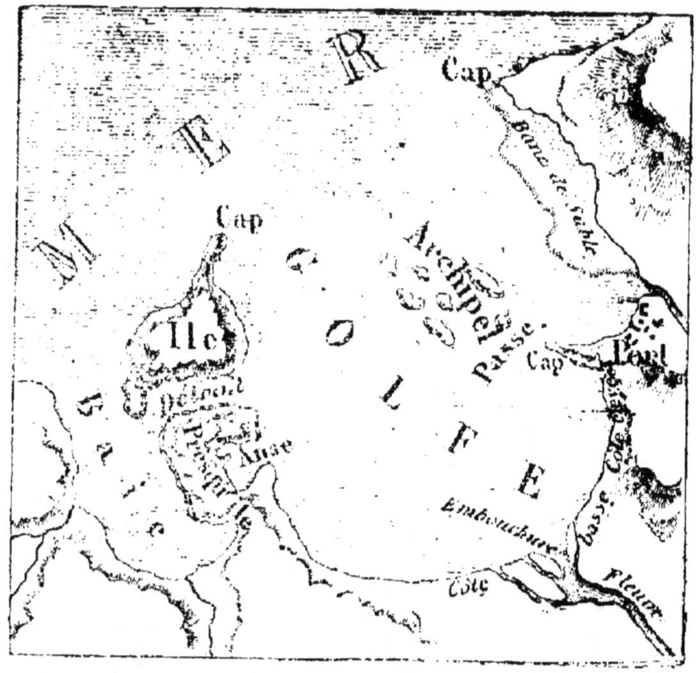

Fig. 5. — Golfe, Détroit, etc.

13. Presqu'îles. — Si la mer, au lieu d'entourer complétement un petit espace de terre, le laisse rattaché au continent par une partie étroite, on appelle PRESQU'ILE ce petit espace de terre.

14. Isthme. — La partie étroite ou langue de terre par laquelle la presqu'île tient au continent est un ISTHME; mais ce nom s'applique aussi aux langues de terre beaucoup plus larges qui réunissent entre elles des parties d'un même continent.

15. Les mers. — La vaste étendue des eaux qui couvrent la surface de la terre est diviséé en cinq océans : l'*océan Glacial du nord*, l'*océan Glacial du* *sud*, l'océan *Atlantique*, l'océan *Pacifique* et l'océan *Indien*.

L'OCÉAN GLACIAL DU NORD ou *océan glacial arctique* est compris à peu près entre le pôle nord et le cercle polaire arctique. Il baigne le nord de l'Europe, de l'Asie et de l'Amérique.

L'OCÉAN GLACIAL DU SUD ou *océan glacial antarctique* est compris à peu près entre le pôle sud et le cercle polaire antarctique. Il ne baigne que les terres polaires du sud, terres rares et presque inconnues.

Ces deux océans sont exposés à de très-grands froids pendant 9 ou 10 mois de l'année et sont alors recouverts d'une couche de glace. L'été, ces masses de glaces, qui portent le nom de banquises, se détachent en partie, et leurs énormes blocs entraînés vers l'équateur fondent bientôt sous l'influence de la température plus chaude des zones tempérées.

L'OCÉAN ATLANTIQUE est situé entre les deux cercles polaires, d'une part, et de l'autre, entre l'Europe et l'Afrique à l'est et l'Amérique à l'ouest.

L'OCÉAN PACIFIQUE, appelé aussi *Grand Océan*, s'étend également entre les deux cercles polaires, mais il est limité à l'est par l'Amérique et à l'ouest par l'Asie et le continent austral. Il comprend les îles innombrables de la cinquième partie du monde, l'Océanie.

L'OCÉAN INDIEN, le plus petit de tous, est compris entre l'Asie et le cercle polaire antarctique d'une part, et de l'autre entre le continent austral à l'est et l'Afrique à l'ouest.

16. Les mers secondaires. — Les océans non-seulement entourent les continents, mais pénètrent plus ou moins dans l'intérieur et forment des étendues d'eau plus ou moins isolées les unes des autres. C'est ce que l'on appelle MERS SECONDAIRES ou mers intérieures.

17. Détroit. —.Quand deux mers communiquent entre elles par un intervalle resserré entre deux terres, on appelle DÉTROIT la portion d'eau qui se trouve dans cet intervalle.

18. Golfe, baie, anse. — Un GOLFE est une partie de mer qui s'avance dans les terres et qui forme une profonde échancrure. Une BAIE est un petit golfe. Une ANSE est une petite baie.

19. Cap. — Un CAP ou *promontoire* est une partie de terre qui s'avance dans la mer.

20. RÉSUMÉ DES NOTIONS SUR LES CONTINENTS ET LES MERS.

— La surface du globe est partagée en terres et en eaux, et les eaux occupent les trois quarts de cette surface, tandis que les terres n'en occupent qu'un quart.

Les terres forment trois continents qui sont : l'ancien continent, le nouveau continent et le continent austral.

L'ANCIEN CONTINENT comprend trois grandes divisions qu'on appelle parties du monde : l'Europe, l'Asie et l'Afrique.

Le NOUVEAU CONTINENT comprend une partie du monde, l'Amérique, divisée en Amérique du nord et en Amérique du sud réunies par un isthme.

Le CONTINENT AUSTRAL comprend l'Australie et fait partie de l'Océanie qui est elle-même la cinquième partie du monde et qui renferme, outre l'Australie, un nombre considérable d'îles de différentes grandeurs.

Les mers forment cinq océans : l'OCÉAN GLACIAL ARCTIQUE, l'OCÉAN GLACIAL ANTARCTIQUE, l'OCÉAN ATLANTIQUE, l'OCÉAN PACIFIQUE et l'OCÉAN INDIEN.

DEVOIR

1° Représentez en inscrivant les noms, une sphère avec pôles, axe, équateur, méridiens, parallèles, tropiques, cercles polaires, zones. 2° Sur un planisphère muet contenant les contours des terres, placez les noms des océans, des continents, des cinq parties du monde. 3° Sur un planisphère muet avec longitudes et latitudes tracez les contours des cinq parties du monde et de la France ; placez y le nom de l'équateur, du méridien de Paris, des océans, des continents, des cinq parties du monde. 4° Dessinez une presqu'île, une île, un archipel, un détroit, un golfe, une baie, une anse, un isthme, un ou plusieurs caps de diverses grandeurs.

TROISIEME PARTIE.

LA FRANCE.

1° GÉOGRAPHIE PHYSIQUE.

21. Étendue. Position. — Y compris l'île de
Corse, la France a une superficie de plus de 52 millions

Fig. 6. — La France.

d'hectares, autrement dit, de 528,000 kilomètres carrés. Elle est placée dans l'hémisphère nord, dans la

zone tempérée de cet hémisphère, et à l'*extrémité occidentale* de l'Europe ; la moitié de sa frontière est baignée par la mer, l'autre moitié confine à des puissances continentales.

22. Climat. — Par suite de sa position géographique, la France jouit d'un climat *tempéré*, c'est-à-dire qu'on n'y ressent ni les chaleurs brûlantes du centre de l'Afrique, ni les froids excessifs des régions circumpolaires, ni la sécheresse du centre de l'Asie.

23. Limites. — La France est limitée au *nord* par la Belgique, puis par la mer du Nord, le Pas-de-Calais et la Manche qui la séparent de l'Angleterre ; à l'*ouest* par l'océan Atlantique ; au *sud* par la chaîne des Pyrénées, qui la sépare de l'Espagne, et par la mer Méditerranée ; à l'*est*, par la chaîne des Alpes qui la sépare de l'Italie et de la Suisse méridionale ; par la chaîne du Jura et par celle des Vosges qui la séparent de l'empire d'Allemagne; enfin au *nord-est* par l'Alsace-Lorraine et le grand-duché de Luxembourg.

DESCRIPTION DES CÔTES.

24. Côtes du Pas-de-Calais et de la Manche. — Sur la mer du NORD et le PAS-DE-CALAIS jusqu'à Saint-Valery, à l'embouchure de la Somme, la côte est basse et semée de *dunes*; on y trouve : le port de *Dunkerque*, acheté par Louis XIV et fortifié par Vauban ; *Calais*, que les Anglais ont possédé pendant deux siècles (de 1347 à 1558); *Boulogne*, grand port de commerce ; dans le Pas-de-Calais, la côte projette le cap GRIS-NEZ, dont la pointe n'est qu'à 34 kilomètres de l'Angleterre.

La CÔTE DE LA MANCHE, de l'embouchure de la *Somme* à celle de la *Seine*, se relève et forme des falaises escarpées, battues et rongées par les vagues. On y remarque les petits ports de *Dieppe*, de *Fécamp* et de *Honfleur* ; LE HAVRE, l'un des plus importants de nos ports de commerce.

A partir de l'embouchure de la Seine, viennent d'abord des plages tantôt sablonneuses, tantôt bordées d'une ceinture d'écueils à fleur d'eau, comme les *rochers du Calvados* (1); la côte s'allonge ensuite et forme la presqu'île du COTENTIN, terminée au nord-ouest par le cap de *la Hague*, célèbre par la bataille navale qu'y perdit *Tourville* en 1692.

(1) CALVADOS vient de Salvador, nom d'un vaisseau espagnol qui, au XVIe siècle, y échoua. Il faisait partie de l'invincible Armada que Philippe II roi d'Espagne envoyait contre l'Angleterre.

On y remarque CHERBOURG, l'un de nos plus grands ports militaires, avec une belle rade défendue par une digue de 3,700 mètres de longueur.

Depuis le cap de la Hague, la côte présente des baies nombreuses, parmi lesquelles on remarque la baie de *Saint-Michel*, comprenant la petite baie de *Cancale*, puis les baies de *Saint-Malo*, de *Saint-Brieuc*; elle se termine à la *pointe* de *Saint-Mathieu*, près de Brest, à l'extrémité de la *presqu'île de Bretagne*. On y remarque les ports de *Granville*, de *Saint-Malo* et le *mont Saint-Michel*, rocher sur lequel est construite une abbaye servant aujourd'hui de prison, et que la mer sépare deux fois par jour de la terre ferme.

25. Côtes de l'océan Atlantique. — De la pointe de SAINT-MATHIEU à l'embouchure de *la Loire*, la côte est généralement élevée et bordée d'îles (*Ouessant, Groix, Belle Ile*); elle projette des pointes nombreuses et la remarquable *presqu'île de Quiberon* : on y remarque particulièrement la RADE DE BREST au fond de laquelle on trouve le *port* militaire de Brest ; le *port* militaire de *Lorient* à l'embouchure du Blavet ; le MORBIHAN, golfe formant pour ainsi dire une petite mer intérieure ; le *port* de *Saint-Nazaire*, à l'embouchure de la Loire.

De l'embouchure de la *Loire* à celle de la *Gironde*, la côte baignée par le GOLFE DE GASCOGNE est basse, sablonneuse et couverte de marais salants ; très-près du rivage se trouvent l'île de *Noirmoutier*, devant la baie de Bourgneuf, et les îles de *Ré* et d'*Oléron*, à l'embouchure de la Charente. On y remarque *La Rochelle*, célèbre par le siége qu'en fit Richelieu en 1628, principal port de commerce de cette région, et *Rochefort*, port militaire.

De l'embouchure de la *Gironde* à la BIDASSOA, qui marque la limite entre la France et l'Espagne, sans ports, sans autre échancrure que le bassin vaseux d'Arcachon, la côte est couverte de *dunes* et d'*étangs* ; soulevées par les vents du golfe de Gascogne, ces collines de sable eussent envahi les départements des Landes et de la Gironde si *Brémontier* n'eût, à partir de 1788, arrêté leur marche en y plantant des pins maritimes dont les racines et les branches arrêtent les sables quand le vent les soulève.

26. Côtes de la Méditerranée. — Cette côte s'étend du cap CERBÈRE, pointe extrême du département des Pyrénées-Orientales, à l'embouchure de la ROJA, petite rivière qui sert, sur une partie de son cours, de limite entre la France et l'Italie. Le GOLFE DU LION borde la première courbe demi-circulaire qu'on y rencontre et qu'on appelle CÔTE DU LANGUEDOC ; haute au pied des Pyrénées, elle s'abaisse ensuite rapidement, et forme des plages couvertes de *marais salants*, de *lagunes*, d'*étangs* tels que celui de *Thau*, à l'entrée duquel est le port de Cette. Le milieu de la côte est marqué par l'embouchure du *Rhône*, l'un de nos grands fleuves ; à partir de ce point, en allant vers l'est, la côte, qui porte alors le nom de CÔTE DE PROVENCE, change d'aspect et devient élevée, rocheuse, découpée, bordée d'îles; on y rencontre d'abord l'étang de *Berre*, puis MARSEILLE, le grand port marchand de la Méditerranée ; TOULON, port militaire ; *Antibes* et son phare ; *Nice*, et Menton situés au sud de la chaîne des Alpes et au milieu d'une splendide végétation d'oliviers, d'orangers, de citronniers, de pins maritimes.

A 170 kilomètres de la côte, se trouve l'île montagneuse de CORSE, réunie à la France depuis 1768 ; près du rivage, non loin de Toulon, sont les îles d'Hyères, abritant la rade du même nom, et plus à l'est les îles de Lérins dans le beau golfe de la Napoule.

DESCRIPTION DES LIMITES CONTINENTALES.

27. Frontière du Sud. — Notre frontière du SUD, depuis le lit de la *Bidassoa* jusqu'au cap *Cerbère*, suit presque exactement la *crête* des Pyrénées sur une longueur d'environ 360 kilomètres. Quoique sillonnées par un grand nombre de vallées, formant dans la ligne de faîte des échancrures appelées *cols* ou *ports*, les PYRÉNÉES forment entre la France et l'Espagne une muraille difficile à franchir; la plupart des cols, en effet, ne sont guère praticables que pour les muletiers et les contrebandiers ; le col le plus célèbre est celui de Roncevaux, où périt, avec l'arrière-garde de Charlemagne, son neveu Roland (1). De routes carrossables et de chemins de fer, il n'y en a qu'aux deux extrémités de la chaîne, c'est-à-dire vers *Bayonne* et *Perpignan*, où les montagnes s'abaissent. Aussi est-ce là que se sont rencontrées les armées de France et d'Espagne dans les guerres de Louis XIV et de la première République ; c'est par là que maintes fois nous avons passé pour envahir l'Espagne, et c'est par la partie occidentale que l'armée anglo-espagnole a envahi la France en 1813.

Ces deux extrémités de la frontière sont défendues par les villes fortes de *Perpignan* et de *Bayonne*.

On remarque dans la chaîne de nombreux *pics* dont les plus élevés sont : le PIC NÉTHOU (3,404 mètres), dans le massif de la Maladetta (monts Maudits), le pic Posets (3,367 mètres) et le mont Perdu (3,350 mètres), situés sur le versant espagnol. Les principaux sommets du versant français sont : le VIGNEMALE (3,298 mètres), les PICS DU MIDI (2,877 et 2,885 mètres) et le CANIGOU (2,785 mètres).

(1) On donne le nom de brèche de Roland à une grande fente de roc qui se trouve plus à l'est : c'est, dit la tradition, le héros qui a fait cette brèche d'un coup de son épée.

Des Pyrénées descendent soit des *fleuves* comme la Garonne et l'Adour, soit des rivières, appelées *gaves*, qui, en tombant parfois d'une grande hauteur, forment ce que l'on appelle des *cascades* ; la plus remarquable est celle de GAVARNIE (420 mètres), située au milieu d'une enceinte demi-circulaire, appelée *cirque*, dont les parois à pic et en gradins forment un des spectacles naturels les plus grandioses de l'Europe.

28. Frontière de l'Est. — Au SUD-EST, la frontière est formée par les ALPES OCCIDENTALES (fig. 7) qui s'étendent de la *Roja* jusqu'au *lac de Genève* et séparent la France de l'Italie et de la Suisse. On les divise en ALPES MARITIMES, ALPES COTTIENNES, ALPES GRÉES et MASSIF DU MONT BLANC. La chaîne des Alpes forme un immense demi-cercle, dont les ramifications s'étendent en France jusque sur les bords de la Méditerranée et du Rhône sous les noms d'ALPES DE SAVOIE, d'ALPES DU DAUPHINÉ, d'ALPES DE PROVENCE. Les Alpes ont des sommets aigus et dentelés; elles offrent un grand nombre de cols dont les deux plus célèbres sont : 1° le *col du mont Cenis*, où a été construite une grande route conduisant de Chambéry (France) à Turin (Italie) et non loin duquel a été percé, pour un chemin de fer, un tunnel de 14 kilomètres 1/4 de longueur unissant la France à l'Italie ; 2° le *col du petit Saint-Bernard*, par lequel une **partie de l'armée française pénétra en Italie en 1800** pendant que Bonaparte avec le reste franchissait le col du grand Saint-Bernard en Suisse. On y remarque le mont *Viso*, le *Pelvoux*, le mont *Saint-Bernard*, le mont *Cenis*, le *Thabor*, le MONT BLANC, la plus haute montagne de l'Europe (4,810 mètres), avec ses glaciers et son sommet couronné de neiges *éternelles*. Cette frontière est défendue par les villes fortes de *Briançon* et de *Grenoble*.

A l'EST, la frontière suit la rive du lac de Genève, traverse le Rhône et suit la crête de la chaîne du *Jura*, qui sert de barrière entre la France et la Suisse.

Le JURA (fig. 7), beaucoup moins haut que les Alpes, se compose de plusieurs chaînes parallèles, séparées par de profondes vallées ; il offre un petit nombre de passages, dont un des plus importants est le chemin de fer de Pontarlier (France) à Neufchâtel (Suisse); il renferme des forêts de sapins et de gras pâturages. Les principaux sommets sont le *Reculet* et le *Crêt de la Neige* (1,723 mètres).

Vers le nord, le Jura se rattache à la chaîne des Vosges par une série de terrains accidentés peu élevés et d'un accès facile, que l'on a nommés la TROUÉE DE BELFORT.

De Genève à Belfort, notre frontière est défendue par les villes fortifiées de *Besançon* et *Belfort*.

Du Jura, notre ligne frontière suivait, avant 1871, le cours d'un grand fleuve, le *Rhin* ; mais depuis que la France a dû céder à l'Allemagne l'Alsace et une partie de la Lorraine, la limite contourne Belfort et longe la chaîne des VOSGES, du ballon d'Alsace au mont *Donon*, près de la source de la Sarre; moins élevée que le Jura, cette chaîne offre des sommets arrondis appelés *ballons*, de magnifiques forêts de sapins, des pâturages, des sources minérales. Les plus hauts sommets sont le *ballon d'Alsace* et le *ballon de Guebweiller*.

Cette frontière n'est plus défendue que par les places fortes de *Belfort* et de *Langres*.

29. Frontière du Nord. — Au mont DONON finit la frontière de l'Est et commence celle du NORD. Jusqu'à présent nous avons vu la frontière avoir pour défense naturelle une mer, une rivière ou un fleuve, une chaîne de montagnes ; ici elle est ouverte à l'invasion ennemie, depuis que nous avons perdu les villes fortes de Metz et de Strasbourg. Elle coupe la Moselle, la Meuse, le plateau des Ardennes et sépare la France de l'Empire d'Allemagne, du Grand-duché de Luxembourg et de la Belgique.

Elle est défendue principalement par les places fortes de *Toul*, de *Verdun*, de *Mézières*, de *Valenciennes*, de *Lille*; en seconde ligne par les villes fortifiées de *Soissons* et d'*Arras*, qui protégent les routes de Paris.

DEVOIR

Sur une carte de France avec longitudes et latitudes, tracez les frontières de France et placez-y, en vous aidant au besoin de la carte murale de la classe, tous les lieux cités dans la description précédente. Voir aussi les cartes régionales ci-après.

LE RELIEF DU SOL.

30. Ligne de partage des eaux. — Outre les Pyrénées, les Alpes, le Jura et les Vosges, la France possède encore d'autres chaînes : une *ceinture intérieure* et des *ramifications*.

31. La ceinture intérieure (voir fig. 7) est une chaîne qui part des Pyrénées, et aboutit aux Vosges ; c'est la *ligne de partage entre les eaux* qui se rendent à l'*Océan* et celles qui coulent vers la *Méditerranée ;* elle se compose de plusieurs chaînes particulières, d'élévations très-inégales, présentant des *cols* et des *défilés* ; ces chaînes particulières sont : les *Corbières*, les *Cévennes*, la *Côte-d'Or*, le *plateau de Langres*, les *monts Faucilles*.

1° Les CORBIÈRES se détachent des Pyrénées et finissent au col de *Naurouse*, qui s'abaisse au-dessous de 200 mètres et forme la *dépression* la plus considérable de la chaîne,

2º Les CÉVENNES s'étendent du *col de Naurouse* jusqu'à la *vallée de la Dheune* que suit le canal du Centre, et renferment les monts du *Gévaudan* et du *Vivarais*, où sont les points les plus élevés : le mont de la *Lozère* (1,702 mètres), le mont *Gerbier-de-Jonc* (1,551 mètres), mont *Mezenc* (1,754). On y trouve : au sud, de la houille, du fer, des marbres, des sources minérales ; au nord, dans les parties appelées monts du *Beaujolais* et du *Charolais*, des vignobles et de beaux pâturages.

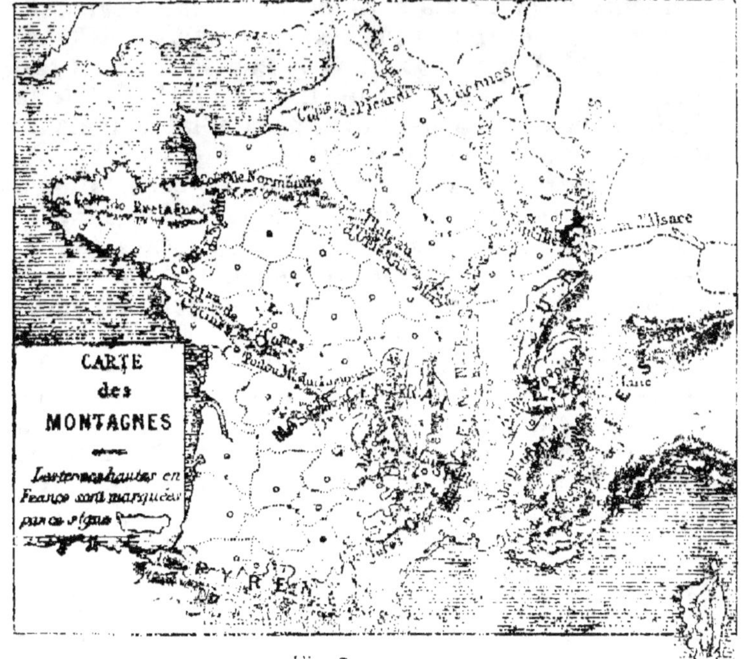

Fig. 7.

3º La CÔTE-D'OR et le PLATEAU DE LANGRES s'étendent de la *vallée de la Dheune* aux *sources de la Meuse* et sont moins des montagnes que des séries de coteaux sur lesquels sont étagés, vers le sud, les plus beaux vignobles de France.

4º Les MONTS FAUCILLES, ainsi appelés parce qu'ils ont la forme d'une faucille ou d'un demi-cercle, s'étendent des sources de la *Meuse* au *ballon d'Alsace*.

32. Ramifications. — On appelle *ramification* d'une chaîne principale une chaîne secondaire qui s'en détache comme le *rameau* d'un arbre se détache du tronc.

Il y a en France trois principales ramifications qui **toutes trois appartiennent à la ligne de partage des eaux.**

1° Du mont Lozère, dans les Cévennes, se détache une chaîne importante formant l'arête principale d'un groupe de montagnes appelé MASSIF CENTRAL, qui projette lui-même des ramifications dans tous les sens ; cette chaîne se dirige, en s'abaissant, vers l'embouchure de la Loire et prend successivement les noms de : monts de la MARGERIDE, monts d'AUVERGNE, monts du LIMOUSIN ; le *plateau de Gatine* lui fait suite. Elle contient un grand nombre de sommets volcaniques ou puys ; les plus remarquables sont : le Puy-de-Dôme, le Plomb ou Puy du Cantal, et le Puy-de-Sancy (1,886 mètres), la plus haute montagne de l'intérieur de la France. On y trouve des mines de houille, des métaux, des eaux minérales, des pâturages.

2° De l'extrémité septentrionale des Cévennes jusqu'à l'*océan Atlantique* courent les MONTS DU MORVAN, les COLLINES DU NIVERNAIS, le PLATEAU D'ORLÉANS, les COTEAUX DU PERCHE, les COLLINES DE NORMANDIE et les MONTS DE BRETAGNE se terminant à la pointe de Saint-Mathieu.

3° Au *plateau de Langres* commence une suite de plateaux et de collines dirigeant du sud-est au nord-ouest ; c'est l'ARGONNE, qui s'étend à l'ouest de la Meuse et qui est couverte de bois ; c'est là que l'on trouve de nombreux défilés donnant accès dans la vallée de la Seine à un ennemi envahisseur, entre autres, les défilés du *Chêne-Populeux*, de *Grandpré*, etc.

L'Argonne se continue au nord par l'ARDENNE, que prolongent deux plateaux peu élevés : le PLATEAU D'ARTOIS qui aboutit au Pas-de-Calais et le PLATEAU DE PICARDIE auquel succède le PLATEAU DE CAUX jusqu'à la Manche.

DEVOIR

Tracez sur une carte de France la carte de toutes les montagnes de France ; marquez-y les monts remarquables.

33. Versants. — On appelle VERSANT *d'une mer* l'étendue des terrains dont les eaux tombent vers cette mer, et y arrivent par le moyen des ruisseaux, des rivières et des fleuves.

La ligne de partage des eaux divise la France en deux grands versants : le versant de la *Méditerranée* et celui de l'*océan Atlantique*.

Les versants se divisent en *bassins*.

34. Bassins. — On appelle BASSIN *d'un fleuve*, l'ensemble des terrains qui versent leurs eaux dans ce fleuve, soit directement, soit par l'intermédiaire des rivières. Chaque bassin se compose d'une suite de pentes plus ou moins nettement accusées, qui convergent vers la mer, et est enveloppé par des chaînes de montagnes ou par des hauteurs appelées la CEINTURE du bassin ; les eaux glissant le long des pentes de la ceinture, ou jaillissant de ses flancs, se rendent vers le centre du bassin, s'y creusent un lit, et, suivant la pente générale du versant, se rendent à la mer.

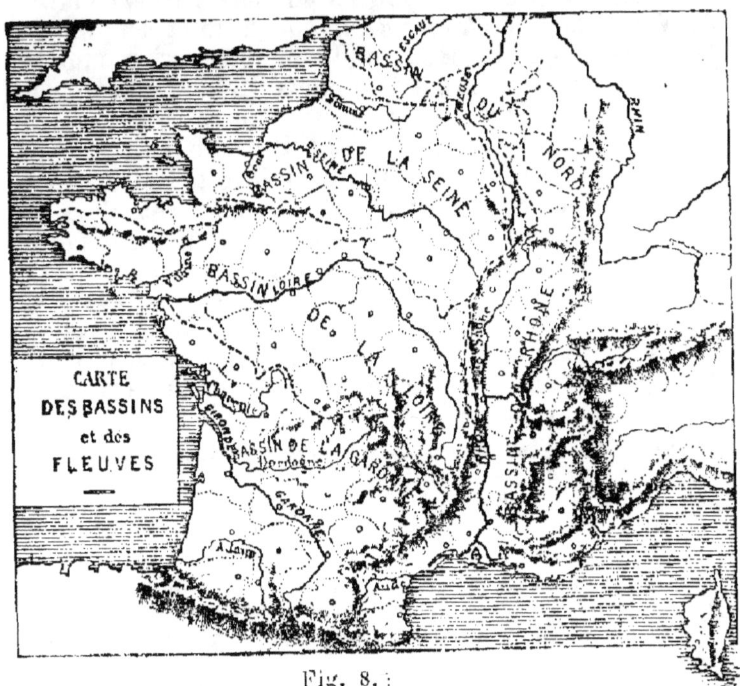

Fig. 8.

On distingue en France quatre fleuves principaux et par suite quatre grands bassins : le *Rhône*, qui est dans le versant de la *Méditerranée*; la *Garonne*, la *Loire*, la *Seine*, qui sont dans le versant de l'*Atlantique*. Il y a un quatrième bassin, celui de la mer du Nord, dans laquelle se trouvent la *Meuse* et l'*Escaut* ; mais ces deux derniers fleuves ne sont français que dans la partie supérieure de leur cours. Avant la guerre de **1870-71, nous** possédions aussi dans ce même bassin une partie du cours d'un autre grand fleuve, le Rhin, qui coulait sur notre frontière orientale ; aujourd'hui nous n'avons plus que le cours supérieur d'un de ses affluents, la Moselle.

DESCRIPTION DES BASSINS.

35. Bassin du Rhône ou de la Méditerranée. — Ce bassin a pour ceinture les *Alpes* et la *ligne de partage des eaux*, et sa pente générale est dirigée vers la *Méditerranée*.

Le RHÔNE prend sa source en Suisse à l'extrémité du Valais dans le *glacier du Rhône*, à une grande hauteur au-dessus du niveau de la mer ; il arrive dans le *lac de Genève*, en sort à Genève (Suisse), entre en France et coule avec impétuosité, étroitement serré entre les Alpes et le Jura qui l'obligent d'abord à faire un grand détour vers le sud ; il tourne ensuite vers l'**ouest**, devient navigable et arrive à *Lyon* ; là, arrêté dans sa marche vers l'ouest par les monts du Lyonnais (chaîne des Cévennes), il coule du nord au sud, conserve sa rapidité, arrose Vienne, Tournon, *Valence*, *Avignon*, Tarascon ; près de la ville d'Arles, il s'est ralenti et se divise en deux bras : le *grand Rhône* à l'est et le *petit Rhône* à l'ouest, qui comprennent entre eux une île triangulaire appelée la *Camargue*.

Affluents. — Les principaux affluents du Rhône sont :
Sur la rive droite :
1º L'AIN venant du Jura ; 2º la SAÔNE, qui sort des monts Faucilles, coule avec lenteur du nord au sud, arrose Gray où elle devient navigable, *Auxonne*, reçoit le *Doubs*, passe à *Châlon-sur-Saône*, à *Macon*, et se jette dans le Rhône à Lyon ; 3º l'ARDÈCHE et le GARD, torrents descendus des Cévennes.

Sur la rive gauche, les affluents descendent des Alpes ; les principaux sont :
1º L'ISÈRE, qui passe à *Grenoble* ; 2º la DRÔME ; 3º la DURANCE, qui prend sa source dans les Alpes, et qui coule avec plus de rapidité même que le Rhône, dans une vallée encaissée par les *Alpes de Provence* et les *Alpes du Dauphiné* ; elle déborde fréquemment en causant de grands ravages, et elle envoie à Marseille une partie de ses eaux au moyen d'un magnifique aqueduc.

Petits fleuves côtiers. — Dans le versant de la Méditerrance, on distingue parmi les petits fleuves côtiers : à l'ouest, l'AUDE et l'HÉRAULT ; à l'est, le VAR.

36. Bassin de la Garonne et du golfe de Gascogne. — La ceinture de ce bassin est formée par les *Pyrénées*, les *Corbières*, les *Cévennes*, les *monts d'Auvergne*, du *Limousin*, les *collines du Poitou* et la *Gâtine* ; la pente générale est dirigée vers le *golfe de Gascogne*.

La GARONNE sort des Pyrénées au *Val d'Aran*, en Espagne. Elle coule d'abord du sud au nord, et arrose Saint-Gaudens, Muret, *Toulouse* ; là, repoussée vers le nord-ouest par les ramifications du Massif Central, elle arrose *Agen*, *Bordeaux*, reçoit au *Bec d'Ambez* une importante rivière, la *Dordogne*, prend alors le nom de GIRONDE, passe à Blaye, atteint jusqu'à 14 kilomètres de largeur et se jette dans le golfe de Gascogne en face du phare de Cordouan.

Affluents. — La Garonne reçoit :
A gauche, le GERS, qui descend des Pyrénées.
A droite : 1° l'ARIÉGE, qui descend des Pyrénées et passe à *Foix* ; 2° le TARN, grossi de l'Aveyron, qui prend sa source au mont de la Lozère ; 3° le LOT et la DORDOGNE (recevant elle-même la *Vézère* grossie de la *Corrèze*), qui descendent du Massif Central.

Petits fleuves côtiers. — Les petits fleuves côtiers du golfe de Gascogne sont :
La BIDASSOA, qui sert de limite entre la France et l'Espagne.
L'ADOUR, qui se jette dans la mer à *Bayonne*.
La CHARENTE, qui se jette dans l'Océan, en face de l'île d'Oléron ; *Rochefort*, port militaire, est sur la rive droite de ce fleuve à 15 kilomètres de l'embouchure.
La SÈVRE-NIORTAISE, qui passe à *Niort* et reçoit la *Vendée*.

37. Bassin de la Loire. — La *ceinture* de ce bassin est formée au sud, par la ceinture septentrionale du bassin de la Garonne ; à l'est et au nord par les *Cévennes*, du mont de la Lozère jusqu'à leur extrémité septentrionale, et par les ramifications qui de là s'étendent vers l'Océan jusqu'à la pointe Saint-Mathieu.

La LOIRE prend sa source au *mont Gerbier-de-Jonc* dans les Cévennes (département de l'Ardèche), coule d'abord du sud au nord, en arrosant Roanne, *Nevers* ; rencontre les monts du Morvan qui l'obligent à s'incliner un peu vers l'ouest jusqu'à *Orléans* ; là, ne pouvant franchir le plateau d'Orléans, elle se replie brusquement vers le sud-ouest, arrose *Blois*, *Tours*, *Nantes*, et Saint-Nazaire où elle se jette dans l'océan

Atlantique par une embouchure presque aussi large que celle de la Gironde. C'est, avec le Rhône, le fleuve le plus redoutable par ses inondations, surtout depuis la partie comprise entre Orléans et la mer : son lit peu profond, embarrassé par de nombreux bancs de sable, ne peut contenir l'énorme masse des eaux qu'y versent de nombreux affluents grossis par une fonte subite de neige ou par des pluies continues ; alors le fleuve déborde malgré les *levées* ou *remparts de terre* construits sur ses bords, et ravage les campagnes et les villes.

Affluents. — La Loire reçoit, à droite 1° la NIÈVRE, qui passe à Nevers ; 2° la MAINE, formée par la réunion à *Angers* (Maine-et-Loire) de deux rivières : la *Mayenne* et la *Sarthe*, grossie du *Loir*.

A gauche, la Loire reçoit : 1° l'ALLIER, qui passe à *Moulins* et rejoint la Loire près de Nevers ; 2° le LOIRET, petit cours d'eau ; 3° le CHER ; 4° l'INDRE, qui arrose *Châteauroux* (département de l'Indre); 5° la VIENNE, qui passe à *Limoges* (Haute-Vienne), et reçoit la *Creuse* ; 6° la SÈVRE-NANTAISE, ainsi appelée parce qu'elle se jette dans la Loire à Nantes.

Fleuve côtier. — Le bassin de la Loire ne contient qu'un fleuve côtier un peu important : la VILAINE, qui descend des monts de Bretagne, passe à *Rennes* où elle reçoit l'*Ille*, et se jette dans l'Océan, au nord de la Loire.

38. Bassin de la Seine ou de la Manche. — La *ceinture* de ce bassin est formée à l'ouest par la ceinture septentrionale du bassin de la Loire, à l'est par la *Côte-d'Or*, le *plateau de Langres*, l'*Argonne*, l'*Ardenne* et les *plateaux d'Artois* et de *Picardie*.

La SEINE prend sa source dans la Côte-d'Or, près du mont *Tasselot*, à moins de 600 mètres d'élévation; elle coule du sud-est au nord-ouest, avec une pente modérée, formant de nombreux replis ou détours ; elle arrose *Troyes*, Méry où elle devient navigable, *Melun*, *Paris*, *Rouen* et se jette dans la Manche entre les ports du *Hâvre* et de *Honfleur*, par une large embouchure.

Affluents. — Les affluents de la rive droite sont: 1° l'AUBE; 2° la MARNE, qui arrose *Chaumont* (Haute-Marne), *Châlons-sur-Marne* (Marne), et qui se jette dans la Seine près de Paris ; 3° l'OISE, grossie de l'*Aisne*.

Les affluents de la rive gauche sont : 1° l'YONNE, qui, descendant des monts du Morvan, en apporte les bois à Paris, et qui arrose *Auxerre* ; 2° l'EURE, qui passe à *Chartres*.

Fleuves côtiers. — Ce bassin n'a que deux petits fleuves côtiers importants : 1° à l'ouest, l'ORNE, qui passe à *Caen* ; 2° à l'est, la SOMME, qui passe à *Amiens* et à *Abbeville.*

39. Bassin de la mer du Nord. — La Meuse et l'Escaut sont compris dans le bassin de la mer du Nord et n'appartiennent à la France que dans la partie supérieure de leurs cours.

La *ceinture* du bassin de la Meuse est formée à l'ouest par l'*Argonne* ; au sud par les *monts Faucilles;* à l'est par les *Vosges.*

La MEUSE prend sa source au plateau de Langres, coule encaissée dans le plateau de Lorraine qui s'étend à l'ouest des Vosges, puis serpente dans le plateau de l'Ardenne, arrose *Mézières* et va à travers la Belgique et la Hollande se jeter dans la mer du Nord, en confondant ses eaux avec celles du Rhin.

L'ESCAUT, dont le bassin a pour ceinture les *collines d'Artois* et de *Belgique,* prend sa source en France dans le plateau de Saint-Quentin (département de l'Aisne), arrose *Cambrai* où il devient navigable, entre en Belgique, passe à *Anvers* et se jette dans la mer du Nord par une embouchure appelée Hont.

Depuis la funeste guerre de 1870-71, nous ne possédons plus du bassin du Rhin qu'une partie du cours de son affluent la MOSELLE ; elle prend sa source dans les *Vosges,* non loin de Remiremont, arrose *Epinal, Toul,* reçoit la *Meurthe,* qui passe à *Nancy,* entre en Allemagne, arrose *Metz* et rejoint le Rhin à *Coblentz.*

40. RÉSUMÉ DE LA GÉOGRAPHIE PHYSIQUE.

— La France, dont la surface est de 52 millions d'hectares, est placée à l'*occident* de l'Europe et jouit d'un climat *tempéré.* — Elle est bornée au NORD par la *Belgique,* la *mer du Nord,* le *Pas-de-Calais* et la *Manche* ; à l'OUEST, par l'*océan Atlantique* ; au SUD par les *Pyrénées* et la *Méditerranée ;* à l'EST, par les *Alpes,* le *lac de Genève,* le *Jura,* les *Vosges,* l'*Allemagne,* le *Luxembourg* et la *Belgique.*

Les côtes sont défendues par les ports militaires ou places fortes de Dunkerque et Cherbourg sur la

Manche ; Brest, Lorient, La Rochelle, Bayonne sur l'Océan ; Toulon sur la Méditerranée ; les frontières continentales le sont : au sud, par Bayonne et Perpignan ; à l'est, par Briançon, Grenoble, Besançon, Belfort, Langres ; au nord-est et au nord, par Toul, Mézières, Valenciennes, Lille.

Ses montagnes INTÉRIEURES sont : 1° la LIGNE DE PARTAGE DES EAUX, qui se divise en *Corbières, Cévennes, Côte-d'Or, plateau de Langres, monts Faucilles ;* 2° les RAMIFICATIONS de la ligne de partage des eaux, savoir : en premier lieu, à partir du mont de la Lozère dans les Cévennes, le monts de la *Margeride,* d'*Auvergne* et du *Limousin,* les *collines du Poitou,* et le plateau de *Gâtine ;* en second lieu, à partir du mont Moresol, extrémité septentrionale des Cévennes, les *monts du Morvan,* les collines du *Nivernais,* le *plateau d'Orléans,* les *coteaux du Perche,* les *collines de Normandie* et les *monts de Bretagne ;* en troisième lieu, à partir du plateau de Langres, l'*Argonne,* l'*Ardenne* et les plateaux d'Artois et de Picardie. Ces trois ramifications se dirigent du sud-est au nord-ouest et au nord.

La ligne de partage des eaux divise la France en DEUX VERSANTS : le versant de la *Méditerranée* et le versant de l'*océan Atlantique.*

Généralement chaque versant se divise lui-même en BASSINS FLUVIAUX. — Le versant de la Méditerranée ne contient qu'UN bassin important, celui du RHÔNE, dont la partie supérieure appartient à la Suisse ; le Rhône passe à Lyon, Avignon et a pour affluent principal (rive droite) la *Saône,* qui se jette dans le Rhône à Lyon ; les autres sont : à droite l'*Ain,* l'*Ardèche* et le *Gard ;* à gauche, l'*Isère,* la *Drôme* et la *Durance.* — On y trouve trois petits fleuves côtiers, l'AUDE, l'HÉRAULT et le VAR.

Le versant de l'Océan contient TROIS bassins

considérables : les bassins de la GARONNE, de la LOIRE et de la SEINE.

1° La GARONNE a sa source en Espagne, dans les Pyrénées, passe à Toulouse et à Bordeaux, et prend le nom de Gironde après sa réunion avec la Dordogne; ses affluents sont : à gauche ; le *Gers*; à droite, l'*Ariége*, le *Tarn* grossi de l'*Aveyron*, le *Lot* et la *Dordogne* grossie de la *Vezère* qui reçoit elle-même la Corrèze. — Dans ce bassin, on trouve quatre petits fleuves côtiers : la BIDASSOA, l'ADOUR, la CHARENTE et la SÈVRE-NIORTAISE.

2° La LOIRE, fleuve central de la France, a sa source dans les Cévennes, passe à Orléans, Tours, et se jette dans l'Océan, au-dessous de Nantes ; elle a pour affluents, à gauche, l'*Allier*, le *Loiret*, le *Cher*, l'*Indre*, la *Vienne* et la *Sèvre-Nantaise*, à droite, la *Nièvre* et la *Maine* formée de la réunion de la Mayenne avec la Sarthe grossie du Loir. — Dans ce bassin se trouve un fleuve côtier : la VILAINE, grossie de l'*Ille*.

3° La SEINE a sa source dans la Côte-d'Or, passe à *Paris* et à Rouen, et se jette dans la Manche près du Hâvre ; elle a pour affluents : à gauche, l'*Yonne* et l'*Eure* ; à droite, l'*Aube*, la *Marne* et l'*Oise* grossie de l'Aisne. — Dans ce bassin se trouvent deux fleuves côtiers : l'ORNE et la SOMME.

Le bassin de la mer du Nord fait aussi partie du versant de l'océan Atlantique et comprend deux petits bassins : ceux de l'ESCAUT et de la MEUSE, fleuves qui prennent leur source en France ; plus un bassin considérable, celui du Rhin, dont, depuis la guerre malheureuse de 1870-71, nous ne possédons plus qu'une partie, le cours supérieur de son affluent la *Moselle*.

41. Aspect général du pays. — Si nous jetons les yeux sur la carte physique de France, nous voyons, à partir du bord de la mer, s'étendre, dans le fond de chacun des grands bassins fluviaux, des terrains bas, restant à moins de 200 mètres au-dessus du niveau de la mer : c'est la région des PLAINES ; puis, à mesure qu'il se rapproche de la ligne de partage des eaux, le sol s'élève, et vers le Massif Central il compte près de 2,000 mètres d'altitude (1) ; enfin en atteignant les Alpes, il dépasse 2,000 mètres et arrive à 4,810 mètres au MONT BLANC, le point le plus élevé.

DEVOIRS.

Dessinez, séparément d'abord, les bassins du Rhône, de la Garonne, de la Loire et de la Seine, chacun avec sa ceinture, son fleuve principal, ses fleuves côtiers, et les affluents de ces fleuves. — Dessinez ensuite la carte d'ensemble au moyen d'une France muette.

Faites les deux tracés précédents à main-levée sur feuille blanche.

2° GÉOGRAPHIE POLITIQUE ET ADMINISTRATIVE

42. Population. — Par la perte d'une partie de l'Alsace et de la Lorraine, en 1871, la population de la France est réduite à environ 37 *millions* d'habitants (exactement 36, 905,788).

43. Religion. — Le Gouvernement reconnaît, en France, TROIS RELIGIONS : le *Catholicisme*, le *Protestantisme* et le *Judaïsme*. On compte plus de 36 millions de catholiques et environ 700,000 protestants et juifs.

44. Gouvernement. — Le Gouvernement aujourd'hui est une RÉPUBLIQUE (2). Un CONSEIL D'ÉTAT *prépare*

(1) ALTITUDE. *L'altitude* d'un lieu est son élévation au-dessus du niveau de la mer.

(2) Une République est la forme de gouvernement dans laquelle le chef de l'État est élu ou directement par la nation ou indirectement par une assemblée de députés nommés eux-mêmes par la nation; après avoir exercé le pouvoir exécutif pendant une certaine période, il ne peut le garder, à moins qu'il ne soit réélu, et il ne peut pas le léguer à ses enfants.

les lois ; le SÉNAT et la CHAMBRE DES DÉPUTÉS les *dis-
cutent* et les *votent* ; le PRÉSIDENT DE LA RÉPUBLIQUE les
promulgue et les fait exécuter ; le Président, chef du
pouvoir exécutif, est assisté de MINISTRES responsables,
qu'il nomme et révoque.

45. Anciennes divisions ou Provinces. — Dans
l'antiquité, la France était désignée sous le nom de
GAULE ; elle s'étendait de la mer aux Pyrénées, aux
Alpes et au Rhin. Avant 1789, elle était divisée en 32
gouvernements ou PROVINCES dont l'origine remonte au
temps de la féodalité ; depuis cette époque elle a acquis
trois autres provinces, ce qui porte à 35 le nombre
des anciennes provinces comprises dans la France.

46. Nouvelles divisions ou départements. — En
1790, l'Assemblée constituante divisa la France en
DÉPARTEMENTS ; avant 1870, nous en possédions 89, en
comptant la Corse ; les pertes de la guerre de 1870-71
ont réduit la France à 86 départements, et au *territoire* de Belfort.

Chaque département, administré par un Préfet, est
divisé à son tour en ARRONDISSEMENTS, administrés par
des Sous-Préfets ; l'arrondissement lui-même se divise
en CANTONS, et le canton, en COMMUNES. (V. Géogr. du
département.)

47. Origine des noms des départements. — Presque tous les départements tirent leurs noms ou des *mers*
qui les baignent, ou des *cours d'eau* qui les arrosent,
quelques-uns des *montagnes* qui les traversent ou les
dominent, d'autres enfin de leur *position* géographique.

48. Régions. — Si leurs limites suivaient exactement
celles des bassins, il serait à la fois logique et facile de
classer les départements par *bassins* ; mais il n'en
est pas ainsi. C'est pourquoi, dans un but historique et
géographique, nous les rattacherons, d'une part, à la
province, d'autre part, à leur *position géographique*.
Par rapport à Bourges, que l'on peut regarder comme
le centre, nous diviserons la France en 5 grandes régions : régions du NORD et du NORD-OUEST, du NORD-
EST, du CENTRE, du SUD-OUEST, du SUD-EST.

La carte et le tableau qui suivent indiquent la transfor-
mation des anciennes provinces en départements.

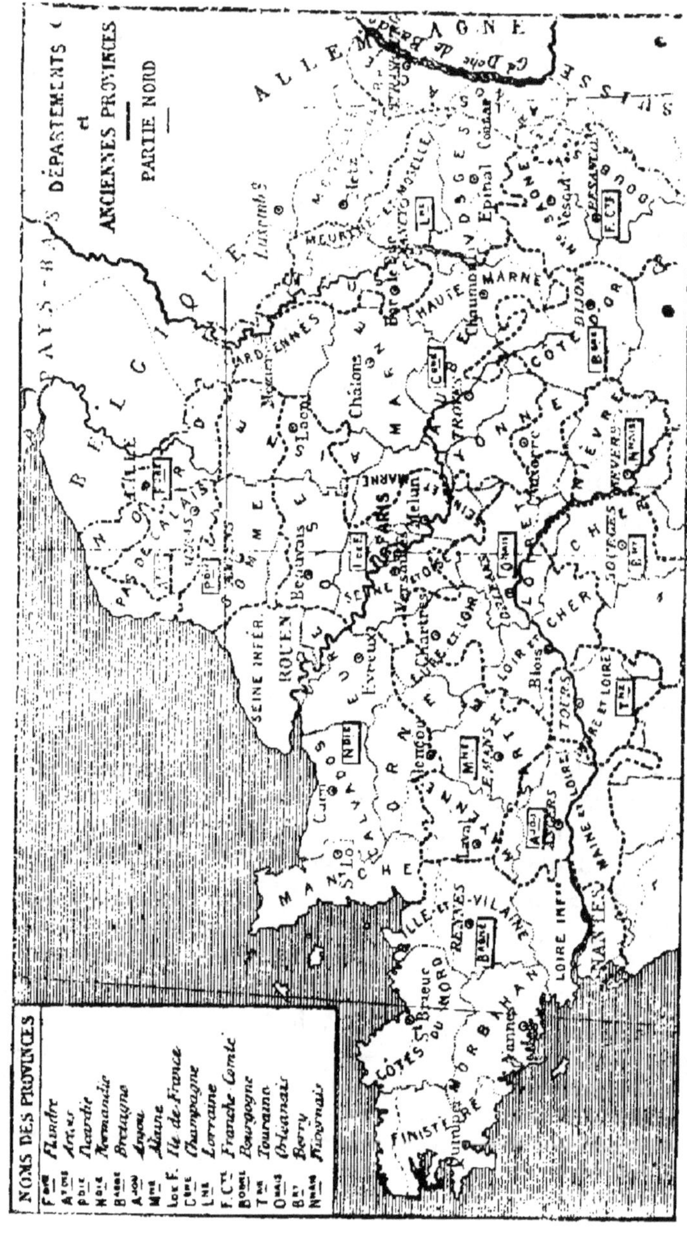

DÉPARTEMENTS et ANCIENNES PROVINCES
PARTIE NORD
ALLEMAGNE
SUISSE
PAYS-BAS
BELGIQUE
NOMS DES PROVINCES
Fre — Flandre
Arois — Artois
Pdie — Picardie
Nie — Normandie
Bagne — Bretagne
Aou — Anjou
Mne — Maine
Ior F. — Ile de France
Cgne — Champagne
Lne — Lorraine
F. Cté — Franche-Comté
Bogne — Bourgogne
Tne — Touraine
Oais — Orléanais
Bry — Berry
Nnais — Nivernais

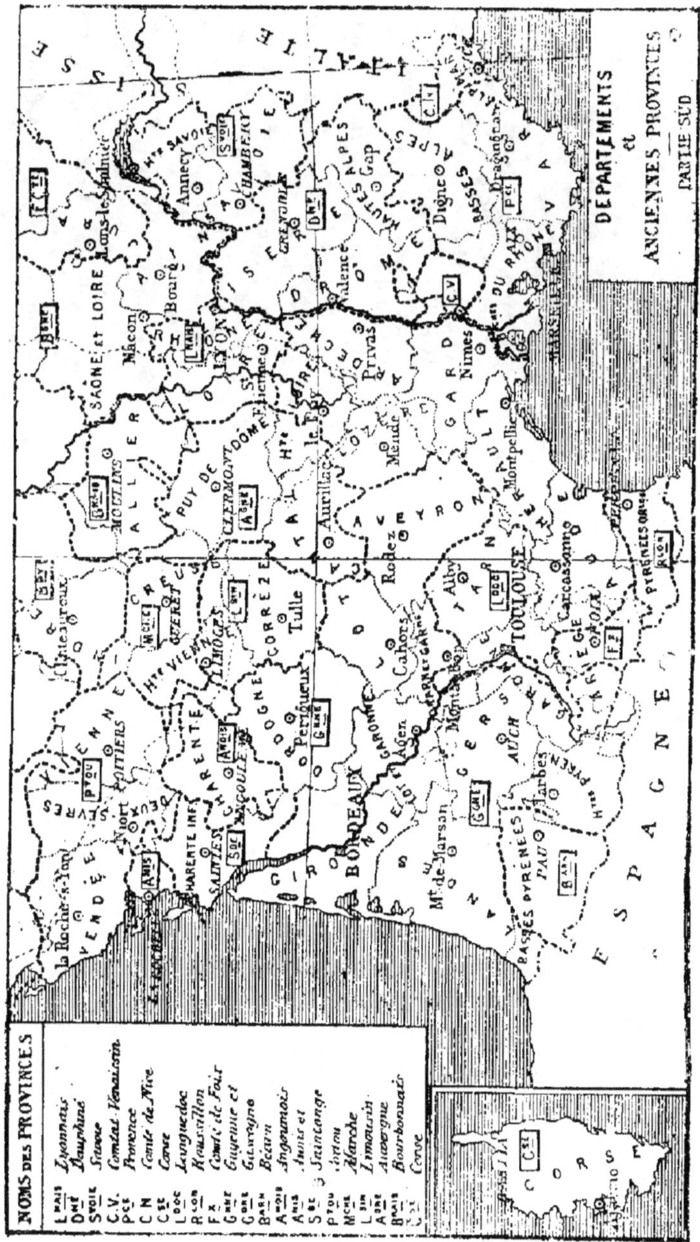

DÉPARTEMENTS
et
ANCIENNES PROVINCES
—
PARTIE SUD

NOMS DES PROVINCES
L PAIS   Lyonnais
D NÉ   Dauphiné
SVOIE   Savoie
C.V.   Comtat-Venaissin
PCE   Provence
C N   Comté de Nice
C SE   Corse
L DOC   Languedoc
R LON   Roussillon
F X   Comté de Foix
G NNE   Guyenne et
G GNE   Gascogne
B ARN   Béarn
A MOIS   Angoumois
A NIS   Aunis et
S GE   Saintonge
P TOU   Poitou
M CHE   Marche
L SIN   Limousin
A GNE   Auvergne
B NAIS   Bourbonnais
C SE   Corse

TABLEAU
DES PROVINCES, DES DÉPARTEMENTS AVEC LEURS CHEFS-LIEUX ET LEURS SOUS-PRÉFECTURES.

PROVINCES.	DÉPARTEMENTS.	CHEFS-LIEUX.	SOUS-PRÉFECTURES.
	Provinces du nord et du nord-ouest.		
1. FLANDRE 1	Nord	*Lille*	Dunkerque, Hazebrouck, Douai, Cambrai, Valenciennes, Avesnes.
2. ARTOIS 1	Pas-de-Calais. . . .	*Arras*	Boulogne, Montreuil, Saint-Omer, Béthune, Saint-Pol.
3. PICARDIE 1	Somme.	*Amiens*	Péronne, Abbeville, Doullens, Montdidier.
4. NORMANDIE 5	Seine-Inférieure. . .	*Rouen*	Le Hâvre, Dieppe, Yvetot, Neuf-châtel.
	Eure	*Evreux*	Les Andelys, Louviers, Pont-Audemer, Bernay.
	Orne	*Alençon*	Mortagne, Argentan, Domfront.
	Calvados	*Caen*	Lisieux, Pont Lévèque, Falaise, Bayeux, Vire.
	Manche	*Saint-Lô*	Cherbourg, Valognes, Coutances, Avranches, Mortain.
5. ILE-DE-FRANCE 5	Seine	*PARIS.*	Sceaux, Saint-Denis.
	Seine-et-Oise	*Versailles*	Mantes, Rambouillet, Etampes, Corbeil, Pontoise.
	Seine-et-Marne. . .	*Melun*	Fontainebleau, Provins, Coulommiers, Meaux.
	Oise.	*Beauvais.*	Clermont, Senlis, Compiègne.
	Aisne	*Laon*	Château-Thierry, Soissons, Vervins, Saint-Quentin.

6. BRETAGNE 5	Ille-et-Vilaine	*Rennes*	Vitré, Redon. Fougères, Saint-Malo, Montfort.
	Côtes-du-Nord	*Saint-Brieuc*	Dinan, Loudéac, Guingamp, Lannion.
	Finistère	*Quimper*	Quimperlé, Châteaulin, Brest, Morlaix.
	Morbihan	*Vannes*	Lorient, Pontivy, Ploermel.
	Loire-Inférieure	*Nantes*	Châteaubriant, St-Nazaire, Paimbeuf, Ancenis.
7. MAINE. 2	Sarthe	*Le Mans*	Mamers, Saint-Calais, La Flèche.
	Mayenne	*Laval*	Mayenne, Château-Gontier.
8. ANJOU 1	Maine-et-Loire	*Angers*	Segré, Beaugé, Cholet, Saumur.

Provinces du nord-est.

9. CHAMPAGNE 4	Aube	*Troyes*	Bar-sur-Seine, Nogent-sur-Seine, Bar-sur-Aube, Arcis-sur-Aube.
	Haute-Marne	*Chaumont*	Langres, Vassy.
	Marne	*Châlons*	Vitry, Epernay, Sainte-Menehould, Reims.
	Ardennes	*Mézières*	Sedan, Rocroy, Vouziers, Rethel.
10. LORRAINE [1] 3	Meurthe-et-Moselle [2]	*Nancy*	Lunéville, Toul, Briey.
	Vosges	*Epinal*	Saint-Dié, Remiremont, Mirecourt, Neufchâteau.
	Meuse	*Bar-le-Duc*	Commercy, Verdun, Montmédy.

1. Cette province formait 4 départements avant la perte de la Moselle en 1871.
2. Ce département a été formé en 1871 par la réunion des trois arrondissements de Nancy, Toul et Lunéville appartenant à l'ancien département de la Meurthe, avec l'arrondissement de Briey, partie de l'ancien département de la Moselle.

PROVINCES.		DÉPARTEMENTS.	CHEFS-LIEUX.	SOUS-PRÉFECTURES.
11. FRANCHE-COMTÉ.	3	Doubs.	Besançon	Pontarlier, Montbéliard, Baume-les-Dames.
		Haute-Saône	Veseul.	Gray, Lure.
		Jura	Lons-le-Saulnier.	Dôle, Poligny, Saint-Claude.
12. BOURGOGNE	4	Côte-d'Or.	Dijon	Châtillon-s.-Seine, Semur, Beaune.
		Yonne.	Auxerre	Joigny, Sens, Tonnerre, Avallon.
		Saône-et-Loire	Mâcon.	Châlon-sur-Saône, Louhans, Charolles, Autun.
		Ain.	Bourg.	Trévoux, Nantua, Belley, Gex.

Provinces du centre.

PROVINCES.		DÉPARTEMENTS.	CHEFS-LIEUX.	SOUS-PRÉFECTURES.
13. TOURAINE	1	Indre-et-Loire.	Tours.	Loches, Chinon.
14. ORLÉANAIS.	3	Loiret	Orléans.	Gien, Montargis, Pithiviers.
		Loir-et-Cher.	Blois	Romorantin, Vendôme.
		Eure-et-Loir	Chartres.	Châteaudun, Nogent-le-Rotrou, Dreux.
15. BERRY	2	Cher	Bourges.	Sancerre, Saint-Amand.
		Indre	Châteauroux.	Issoudun, La Châtre, Le Blanc.
16. NIVERNAIS.	1	Nièvre	Nevers.	Cosne, Château-Chinon, Clamecy.
17. BOURBONNAIS	1	Allier	Moulins.	Montluçon, Gannat, La Palisse.
18. AUVERGNE	2	Puy-de-Dôme	Clermont-Ferrand	Issoire, Riom, Ambert, Thiers.
		Cantal	Aurillac.	Saint-Flour, Murat, Mauriac.
19. MARCHE.	1	Creuze	Guéret.	Aubusson, Bourganeuf, Boussac.
20. LIMOUSIN.	2	Haute-Vienne.	Limoges.	Rochechouart, Bellac, Saint-Yrieix.
		Corrèze.	Tulle	Ussel, Brives.

Provinces du sud-ouest.

21. POITOU 3	Vienne	*Poitiers*	**Loudun**, Châtelleraut, Montmorillon, Civray.
	Deux-Sèvres.	*Niort*	Bressuire, Parthenay, Melle.
	Vendée	*La Roche-sur-Yon.* .	Fontenay, Les Sables-d'Olonne.
22. AUNIS ET SAINTONGE. 1	Charente-Inférieure.	*La Rochelle.*	Saint-Jean-d'Angély, Saintes, Rochefort, Marennes, Jonzac.
23. ANGOUMOIS. 1	Charente	*Angoulême.*	Ruffec, Cognac, Barbézieux, Confolens.
	Gironde.	*Bordeaux*	La Réole, Lesparre, Bazas, Libourne, Blaye.
	Dordogne	*Périgueux.*	Bergerac, Sarlat, Ribérac, Nontron.
	Lot	*Cahors*	Figeac, Gourdon.
	Aveyron.	*Rodez.*	Villefranche, Espalion, Millau Saint-Affrique.
24. GUYENNE et GASCOGNE 9	Tarn-et-Garonne . .	*Montauban*	Moissac, Castel-Sarrasin.
	Lot-et-Garonne . . .	*Agen*	Marmande, Villeneuve-d'Agen, Nérac.
	Landes	*Mont-de-Marsan* . .	Saint-Sever, Dax.
	Gers	*Auch*	Lectoure, Mirande, Condom, Lombez.
	Hautes-Pyrénées . .	*Tarbes.*	Bagnères-de-Bigorre, Argelès.
25. BÉARN ET BASSE-NAVARRE . 1	Basses-Pyrénées. . .	*Pau.*	Orthez, Bayonne, Oloron, Mauléon.

Provinces du sud-est.

26. COMTÉ DE FOIX 1	Ariège	*Foix.*	Pamiers, Saint-Girons.
27. ROUSSILLON 1	Pyrénées-Orientales	*Perpignan.*	Prades, Céret.

PROVINCES.		DÉPARTEMENTS.	CHEFS-LIEUX.	SOUS-PRÉFECTURES.
28. LANGUEDOC	8	Haute-Garonne	*Toulouse.*	St-Gaudens, Muret, Villefranche.
		Tarn	*Albi.*	Gaillac, Castres, Lavaur.
		Aude	*Carcassonne.*	Limoux, Castelnaudary, Narbonne.
		Hérault.	*Montpellier*	Béziers, Lodève, Saint-Pons.
		Gard	*Nimes.*	Uzès, Alais, Le Vigan.
		Lozère	*Mende.*	Florac, Marvejols.
		Ardèche.	*Privas.*	Tournon, Largentière.
		Haute-Loire.	*Le Puy*	Issengeaux, Brioude.
29. LYONNAIS.	2	Rhône.	*Lyon.*	Villefranche.
		Loire	*Saint-Eti·nne.*	Roanne, Montbrison.
30. SAVOIE	2	Savoie.	*Chambéry.*	Moutiers, Albertville, Saint-Jean-de-Maurienne.
		Haute-Savoie	*Annecy.*	Bonneville, Saint-Julien, Thonon.
31. DAUPHINÉ	3	Isère	*Grenoble.*	Saint-Marcellin, Vienne, La Tour-du-Pin.
		Hautes-Alpes	*Gap.*	Briançon, Embrun.
		Drôme.	*Valence*	Montélimart, Nyons, Die.
32. COMTAT VENAISSIN	1	Vaucluse	*Avignon.*	Orange, Carpentras, Apt.
33. PROVENCE	3	Bouches-du-Rhône.	*Marseille*	Aix, Arles.
		Basses-Alpes	*Digne.*	Sisteron, Forcalquier, Castellane, Barcelonnette.
		Var.	*Draguignan*	Toulon, Brignolles.
34. COMTÉ DE NICE	1	Alpes-Maritimes.	*Nice.*	Grasse, Puget-Théniers.
35. CORSE.	1	Corse.	*Ajaccio*	Bastia, Calvi, Corté, Sartène.

DEVOIR.

Indiquez pour chaque département l'origine de son nom, par exemple, s'il l'emprunte à un ou plusieurs cours d'eau, à une mer, à sa position géographique, etc.

GÉOGRAPHIE ÉCONOMIQUE

ET

DESCRIPTION DES DÉPARTEMENTS

49. La géographie économique d'un pays fait *connaître l'agriculture*, *l'industrie* et le *commerce* de ce pays ; 1° l'agriculture, c'est-à-dire les *végétaux* et les *animaux* obtenus par la culture du sol ; 2° l'industrie, c'est-à-dire les *produits* résultant de l'extraction des minéraux et des transformations subies par ces *minéraux*, ou même par les *substances végétales* et *animales* ; 3° le commerce, c'est-à-dire les *échanges* de marchandises entre contrées reliées les unes aux autres par des voies de transports.

Nous allons exposer la géographie économique de la France, en y joignant ce que ce pays renferme de remarquable au point de vue historique.

NORD-EST.

La région nord-est comprend 4 provinces : la *Champagne*, la *Lorraine*, la *Bourgogne* et la *Franche-Comté*.

50. La Champagne, réunie en 1284 au domaine royal par le mariage de Philippe le Bel avec l'héritière Jeanne de Navarre, forme 4 départements :

ARDENNES (326,000 h.) ; chef-lieu Mézières (5,000 h.), ville forte sur la Meuse, défendue victorieusement par Bayard contre Charles-Quint (1521).

Lieux remarquables : Rocroy, où Condé, en 1643, remporta sur les Espagnols une brillante victoire. — Sedan, manufactures de draps, dits de Sedan ; ville forte où Napoléon III, battu par les Prussiens, capitula avec 80,000 hommes (1870). Patrie de Turenne.

MARNE (407,000 h.) ; chef-lieu Chalons-sur-Marne (20,000 h.), ville possédant une école d'arts et métiers ; célèbre par la défaite infligée à Attila, surnommé *le fléau de Dieu*, par Aétius, général romain, allié à Mérovée, roi des Francs (bataille des Champs Catalauniques, 451).

Lieux remarquables : REIMS ☩ (81,000); fait un grand commerce de vins et d'étoffes de laines; possède une magnifique cathédrale où étaient sacrés les rois de France. Patrie

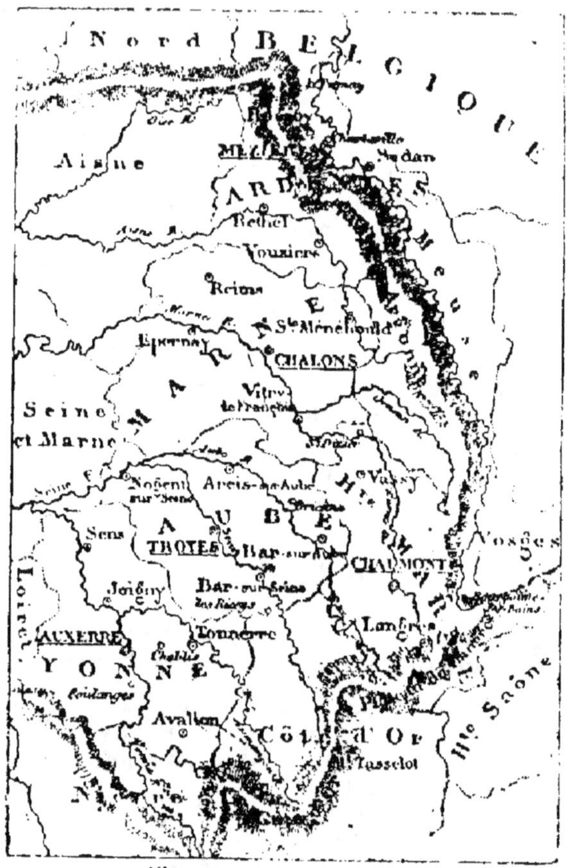

Fig. 11. — Champagne.

de Colbert. — *Montmirail*, où Napoléon vainquit les Prussiens, en 1814. — *Valmy*, où Kellermann, avec des conscrits, battit, en 1792, les Prussiens alliés aux émigrés.

AUBE (255,000 h.) ; chef-lieu TROYES (41,000 h.), dont la bonneterie et la charcuterie sont renommées. En 1420, un honteux traité y fut signé entre Isabeau de Bavière, reine de France, et le roi d'Angleterre.

Lieu remarquable : CLAIRVAUX, maison de détention, autrefois abbaye dont saint Bernard fut le premier abbé.

HAUTE - MARNE (252,000 h.) ; chef - lieu CHAUMONT (9,000 h.); gants et coutellerie renommés.

Lieu remarquable : LANGRES †(10,000 h.) place forte près de la Marne.

51. Productions régionales. — La partie centrale de la Champagne, dite *Champagne pouilleuse* (camp de Châlons), était autrefois une immense plaine presque stérile, qui s'est améliorée par une culture mieux entendue ; elle nourrit des *moutons mérinos* dont la laine est fine et abondante. Les autres parties sont fertiles : la *Brie champenoise*, située dans le voisinage de l'Ile-de-France, abonde en *céréales* et produit des *fromages* renommés ; on y trouve des mines de *fer*, d'excellents *vins blancs* dits *de Champagne* (à Epernay, à Reims), des *usines métallurgiques*, des *fabriques* pour le tissage de la laine à Reims et à Sedan.

Fig. 12. — Lorraine.

52. La Lorraine, réunie à la France à la mort de Stanislas Leczinski, nous a été arrachée en partie par la Prusse en 1871 ; elle forme trois départements :

MEURTHE-ET-MOSELLE (404,000 h.) ; chef-lieu

NANCY † (66,001 h.), une des plus belles villes de France, dont les monuments rappellent le règne de Stanislas Leczinski ; renommée pour ses broderies ; c'est en assiégeant Nancy que périt Charles le Téméraire (1477).

Lieux remarquables : LUNÉVILLE (16,000 h.), jolie ville, dont le château (aujourd'hui caserne) était la résidence des anciens ducs de Lorraine ; la France et l'Autriche y signèrent un traité en 1801. — *Toul*, qui, avec Metz et Verdun, fut pris en 1552, par Henri II.

MEUSE (294,000 h.) ; chef-lieu BAR-LE-DUC (16,000 h.), où l'on fait des confitures renommées.

Lieux remarquables : VERDUN † (15,000 h.), place forte, où se fit, en 843, le mémorable partage de l'empire de Charlemagne. — *Varennes*, où fut arrêté Louis XVI, en 1791.

VOSGES (407,000 h.) ; chef-lieu ÉPINAL (14,000 h.), imageries, commerce et industrie prenant de l'importance par suite de l'émigration des Alsaciens.

Lieux remarquables : DOMREMY (près de Neufchâteau), village où est née Jeanne Darc. — *Plombières*, eaux minérales. — SAINT-DIÉ † (14,000 h.)

53. Productions régionales. — Accidentée par l'Ardenne, l'Argonne et les Vosges, arrosée par la Moselle et la Meuse, la Lorraine possède des vallées fertiles, des pâturages et de grandes forêts dans les montagnes, quelques vignobles sur les coteaux. On y trouve en outre la *houille*, le *fer*, le sel *gemme* et par suite des *industries métallurgiques* et *chimiques* ; des sources minérales et thermales, des verreries et des *cristalleries*, des industries textiles, des *cotonnades* et des *broderies* dans les Vosges.

54. La Bourgogne, réunie à la France sous Louis XI, après la mort de Charles le Téméraire (1477), forme 4 départements :

COTE - D'OR (377,000 h.) ; chef-lieu DIJON † (48,000 h.), jolie ville, fait un grand commerce de grains et de vins ; sa moutarde est renommée ; patrie de Bossuet. Plusieurs batailles contre les Prussiens ont été livrées dans les environs, en 1870.

Lieux remarquables : BEAUNE (11,000 h.), renommé par ses vins ; patrie de Gaspard Monge, fondateur de l'Ecole polytechnique. — *Nuits*, dont les vins sont estimés et où les Prussiens subirent un rude échec en 1870. — *Montbard*, patrie de Buffon. — *Fontaine-Française*, où Henri IV vainquit les Espagnols.

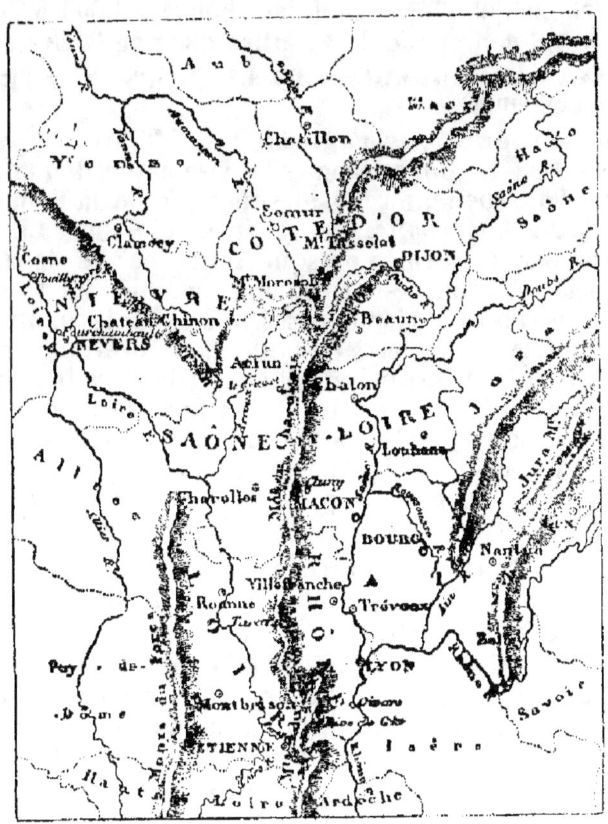

Fig. 13. — Bourgogne.

YONNE (359,000 h.); chef-lieu AUXERRE (16,000 h.), fait un grand commerce des vins que produisent les environs des villes d'*Avallon, Joigny, Tonnerre, Chablis*. (Voir la carte de l'Yonne, fig. 11.)

Lieu remarquable : SENS ‡ (12,000 h.) ; bois et charbons.

SAONE-ET-LOIRE (614,000 h.); chef-lieu MACON (17,000 h.), sur la Saône, fait un grand commerce de vins. C'est la patrie de Lamartine.

Lieux remarquables : LE CREUSOT, qui possède des mines de houille, de fer, et la plus grande usine métallurgique de France, où l'on fabrique surtout les machines à

vapeur et les rails ; on y fond aussi des canons. — AUTUN †
(12,000 h.), antiquités romaines. — *Cluny*, ancienne abbaye.

AIN (365,000 h.) ; chef-lieu BOURG (15,000 h.), fait
un grand commerce de volailles dites de *la Bresse*.

Lieu remarquable : BELLEY † (4,000 h.) ; pierres
lithographiques.

55. Productions régionales. — Traversée par la
Côte-d'Or, la Bourgogne se divise naturellement en
Basse-Bourgogne, ou bassin supérieur de la Seine, et
en *Haute-Bourgogne*, ou vallée de la Saône. La première partie, formée presque toute par le département de l'Yonne, est riche en vignobles sur le pen-
chant des coteaux bien exposés, en *bois* sur les hauteurs,
et en carrières de pierre de taille ; la Haute-Bourgogne
produit des vins estimés qu'elle expédie dans le monde
entier, des céréales, les bœufs du Charolais, les volailles de la Bresse, le fer, la houille ; elle possède des verreries, des usines métallurgiques, etc. Au sud (dép. de
l'Ain) se trouve un vaste plateau marécageux, *les Dom-
bes*, couvert d'étangs que l'on s'efforce de dessécher.

56. La Franche-Comté, conquise par Louis XIV et
réunie à la France par le traité de Nimègue (1678),
forme 3 départements :

DOUBS (306,000 h.) ; chef-lieu BESANÇON ‡
(54,000 h.), ville forte, commerçante, principal centre
de la fabrication et du commerce de l'horlogerie en
France ; patrie de Victor Hugo.

Lieu remarquable : MONTBÉLIARD (8,000 h.), patrie
du fameux naturaliste Cuvier.

JURA (288,000 h.) ; chef-lieu LONS-LE-SAULNIER
(11,000 h.), commerce de sel.

Lieux remarquables : SAINT-CLAUDE † (7,000 h.).
— *Salins*, vaste établissement de salines.

HAUTE-SAONE (304,000 h.) ; chef-lieu VESOUL
(9,000 h.), ville peu commerçante.

Lieux remarquables : GRAY (7,000 h.), commerce
actif de grains. — LURE (4,000 h.), usines à fer et à acier.

TERRITOIRE DE BELFORT (68,600 h.) ; chef-lieu
BELFORT (15,000 h.), célèbre par sa défense héroïque
contre les Prussiens, en 1870-71, et son transit.

57. Productions régionales. — La Franche-Comté,
dans la région de la Saône à l'ouest, est fertile en

céréales; dans la région du Jura, à l'est, elle est riche surtout en *bois* et en *pâturages* ; aussi les *bestiaux* et

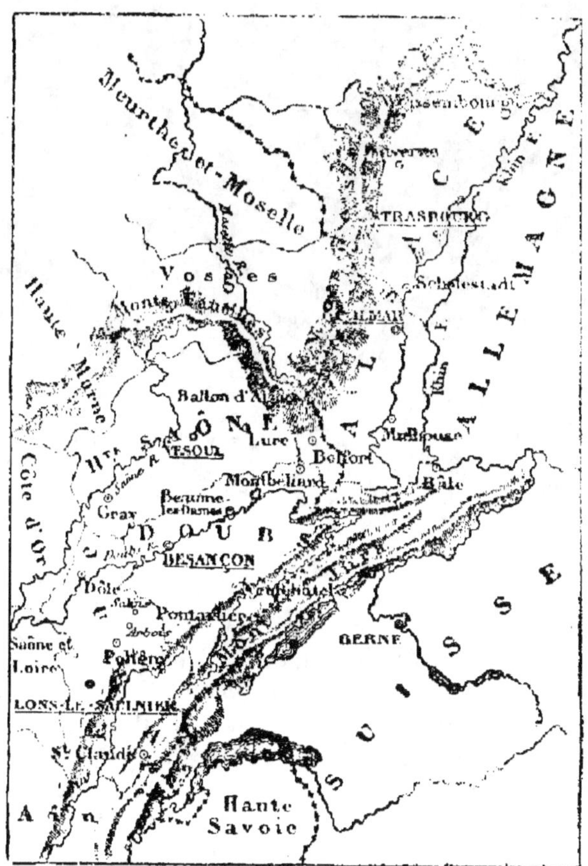

Fig. 14. — Franche-Comté.

le *fromage* sont-ils au nombre de ses principales richesses agricoles. On y trouve aussi quelques *vignobles* (Arbois, etc.), du *fer* et des *usines métallurgiques.*

NORD ET NORD-OUEST.

Les provinces du nord et du nord-ouest sont : la *Flandre,* l'*Artois,* la *Picardie,* l'*Ile-de-France,* la *Normandie,* la *Bretagne,* le *Maine,* l'*Anjou.*

58. La Flandre, conquise sur l'Espagne par Louis

XIV et réunie à la France par le traité d'Aix-la-Cha-
pelle en 1668, ne forme qu'un département.

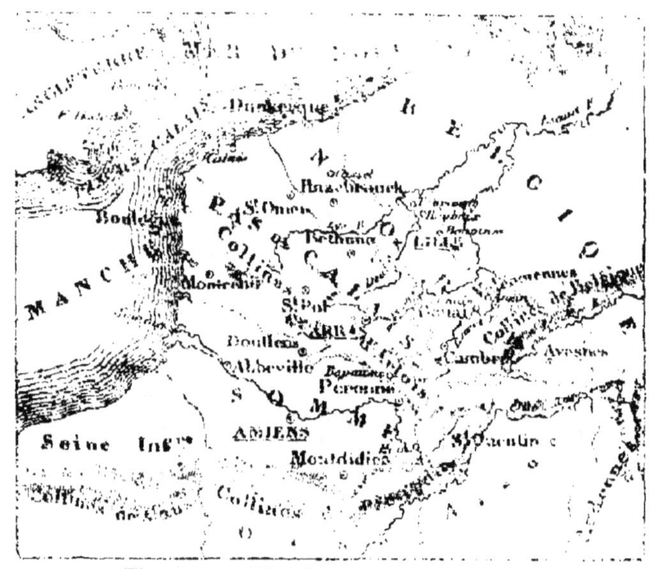

Fig. 15. — Flandre, Artois et Picardie.

NORD (1,519,000 h.) ; chef-lieu LILLE (162,000 h.),
place très-forte, fortifiée par Vauban et illustrée par
deux siéges mémorables, en 1708 et 1792. Grand centre
industriel, fils de lin et de coton, dentelles, etc.

Lieux remarquables : DUNKERQUE (35,000 h.), port
de commerce, où naquit Jean Bart.—CAMBRAI ✝ (22,000 h.),
ville forte, dont Fénelon fut archevêque. — *Bouvines*, près
de Lille, où Philippe-Auguste remporta, en 1214, une brillante victoire sur les Allemands. — *Cassel*, où Philippe VI de
(Valois), en 1328, vainquit les Flamands. — *Denain*, près
de Valenciennes, où Villars, en 1712, sauva la France en
battant le prince Eugène. — *Anzin*, où sont les plus riches
mines de houille françaises.

59. L'Artois, conquis sur l'Espagne et réuni à la
France par le traité des Pyrénées (1659), ne forme
aussi qu'un département.

PAS-DE-CALAIS (793,000 h.) ; chef-lieu ARRAS ✝
(26,000 h.), ville forte. Commerce de lins, et ancien
chef-lieu de la province d'Artois.

Lieux remarquables : BOULOGNE-SUR-MER (40,000
hab.), port fréquenté, principal passage de France en Angle-

terre ; Napoléon Ier y avait réuni la grande armée pour une descente en Angleterre. — CALAIS, sur le détroit, dut se rendre (1347) à Édouard III, roi d'Angleterre, après un siége mémorable, illustré par le dévouement d'Eustache de Saint-Pierre, et fut repris aux Anglais (1558) par François de Guise. — *Azincourt*, où Henri V, roi d'Angleterre, battit les Français (1415). — *Lens*, où Condé battit les Espagnols (1648).

60. La **Picardie**, réunie au domaine royal par Louis XI (1477), ne forme qu'un département.

SOMME (556,000 h.); chef-lieu AMIENS † (60,000 h.); possède des fabriques de laine et de soie, une belle cathédrale. Patrie de Pierre l'Hermite. — Un traité de paix y fut signé en 1802 par la France et l'Angleterre.

Lieux remarquables : MONTDIDIER, patrie de *Parmentier*, l'introducteur de la pomme de terre en France. — PÉRONNE, place forte, où Charles le Simple mourut et où Louis XI fut retenu prisonnier. — *Crécy*, où Philippe VI fut vaincu par Edouard III, roi d'Angleterre (1346).

61. Productions régionales. — Ces 3 départements forment une *région naturelle*, c'est-à-dire un territoire étendu dont les parties se ressemblent par la *configuration du sol* et par les *productions*. Le pays est plat et humide, mais très-fertile, produisant en abondance le *froment*, le *lin* et le *chanvre*, dont on fait des toiles ; le *colza*, dont on extrait l'huile ; la *betterave* à sucre. Il nourrit aussi beaucoup de *chevaux* et de *bœufs*, renferme des *tourbières* et des *mines de houille* et possède des centres industriels très-importants, *Lille*, *Tourcoing* et *Roubaix*, fabriquant toutes sortes de tissus.

62. L'**Ile-de-France**, domaine primitif des Capétiens en 987, forme 5 départements :

SEINE (2,410,000 h.); chef-lieu PARIS † (1,988,000 h.), capitale de la France et ville forte, bâtie sur les deux rives du fleuve qui donne son nom au département, va être transformée en un immense camp retranché. Paris est la ville la plus remarquable de l'Europe par la largeur de ses rues et de ses boulevards, la magnificence de ses monuments (le *Louvre*, *Notre-Dame*, *Saint-Sulpice*, la *Madeleine*, le *Panthéon*, l'*Opéra*), ses musées, ses bibliothèques, ses établissements scientifiques. Son industrie est renommée dans le monde entier par l'élégance et le goût qui augmentent encore la valeur de ses produits : bronzes d'art, bijoux, menus objets d'agrément dits *articles de Paris*, etc. Paris a soutenu en 1870-71 un siége mémorable contre les Allemands. C'est la patrie de Molière, de Boileau, de Voltaire, du cardinal de Richelieu, de Turgot, de Lavoisier, etc.

Fig. 16. — Ile-de-France.

Lieu remarquable : Saint-Denis, dont l'église, ancienne abbaye, renfermait les tombeaux des rois.

SEINE-ET-OISE (562,000 h.); chef-lieu Versailles † (49,000 h.), où Louis XIV bâtit un immense palais, résidence des rois de 1680 à 1789, transformé par Louis-Philippe en un musée historique.

Lieux remarquables : Saint-Cloud, dont le château a été brûlé pendant la guerre de 1870-71 ; Henri III y fut assassiné par Jacques Clément (1589), et Bonaparte y renversa le Directoire en 1799. — *Sèvres*, la plus belle manufacture de porcelaine de l'Europe. — *Rosny*, patrie de Sully.

SEINE-ET-MARNE (347,000 h.) ; chef-lieu Melun (11,000 h.), au centre d'une contrée agricole fertile, fait un important commerce de grains.

Lieux remarquables : Fontainebleau (11,000 h.), célèbre par son beau château, sa magnifique forêt, par la captivité de Pie VII, en 1812, et par l'abdication de Napoléon Ier en 1814. — Meaux † (11,000 h.), dont *Bossuet* fut évêque.

OISE (401,000 h.) ; chef-lieu BEAUVAIS (16,000 h.), possède des manufactures de tapis ; Jeanne Hachette, en 1472, s'y couvrit de gloire en repoussant Charles le Téméraire, qui assiégeait la ville.

Lieux remarquables : COMPIÈGNE (13,000 h.), château et belle forêt. — *Chantilly*, dentelles. — *Creil*, poteries et porcelaines.

AISNE (560,000 h.) ; chef-lieu LAON (12,000 h.), située au sommet d'une montagne.

Lieux remarquables : SOISSONS (11,000 h.), fait un grand commerce de blés et de haricots dits de Soissons, célèbre par la bataille qu'en 486 Clovis gagna contre Siagrius, général romain. — SAINT-QUENTIN (39,000 h.), possède des fabriques importantes de tulles et de dentelles, se défendit vaillamment en 1870 contre les Prussiens. — VERVINS, célèbre par le traité qu'y signèrent, en 1598, Henri IV, roi de France, et Philippe II, roi d'Espagne.

63. Productions régionales. — L'Ile-de-France, pays de plaines légèrement ondulées, richement cultivées et arrosées par de beaux cours d'eau, comme la Seine, l'Oise, la Marne, produit en abondance des *céréales*, des plantes *industrielles*, betteraves, colza, etc.; beaucoup de *légumes*, ce qui en fait en quelque sorte le jardin potager de Paris. On y élève des chevaux ; on y engraisse des bœufs et des moutons. On y trouve des *carrières* de pierres de taille et des manufactures de toutes sortes, surtout dans la Seine et l'Aisne.

64. La Normandie, conquise par Philippe-Auguste sur le roi d'Angleterre Jean Sans-Terre (1204), forme 5 départements :

SEINE-INFÉRIEURE (798,000 h.) ; chef-lieu ROUEN ✝ (105,000 h.), sur la Seine, la première ville de France pour le commerce des toiles de coton, dites indiennes ou *rouenneries*. — La cathédrale, l'église Saint-Ouen et le palais de justice sont des chefs-d'œuvre d'architecture. Patrie de Corneille. Jeanne Darc y fut brûlée par les Anglais en 1431.

Lieux remarquables : Le HAVRE (92,000 h.), à l'embouchure de la Seine, port de commerce très-important, importation des cotons d'Amérique. Patrie de Bernardin de Saint-Pierre. — DIEPPE (20,000 h.), port de mer, patrie de Duquesne. Près de Dieppe, *Arques*, où Henri IV vainquit Mayenne, en 1589. — *Elbeuf*, importantes fabriques de drap.

CALVADOS (450,000 h.) ; chef-lieu CAEN (41,000 h.),

sur l'Orne ; ville commerçante, unie à la mer par un canal ; on y voit le tombeau de Guillaume le Conquérant.

Fig. 17. — Normandie.

Lieux remarquables : LISIEUX (18.000 h.) ; fabriques de drap, de cretonne et de flanelles. — BAYEUX (8,000 h.). — *Honfleur*, port de mer. — *Trouville*, bains de mer très-fréquentés.

MANCHE (534,000 h.) ; chef-lieu SAINT-Lô (9,000 hab.), où l'on fabrique des coutils et des dentelles.

Lieux remarquables : CHERBOURG (37,000 h.), grand port militaire, dont la rade est fermée par une digue de 3,700 mètres de long, commencée en 1783, terminée en 1853. — COUTANCES †, belle cathédrale.

ORNE (392,000 h.) ; chef-lieu ALENÇON (16,000 h.), où se fabriquent des dentelles renommées, appelées *points d'Alençon*.

EURE (376,000 h.) ; chef-lieu EVREUX † (14,000 h.), où l'on fabrique des coutils et de la bonneterie.

Lieux remarquables : LOUVIERS, rivale d'Elbeuf pour les draperies. — *Ivry*, sur l'Eure, village où Henri IV vainquit Mayenne, en 1590.

65. Productions régionales. — La Normandie produit en abondance des *céréales*, du *chanvre*, du *lait*,
du *fromage*, de la *viande*; ses gras pâturages nourrissent de belles races de chevaux, appelés *chevaux
normands*, des *bœufs*, des *moutons*. L'industrie des
lins, des *cotons*, des *dentelles* et des *draps* n'y est pas
moins remarquable que l'agriculture.

66. La **Bretagne**, réunie au domaine royal par les
mariages successifs de Charles VIII et de Louis XII avec
Anne de Bretagne (1491-1499), forme 5 départements :

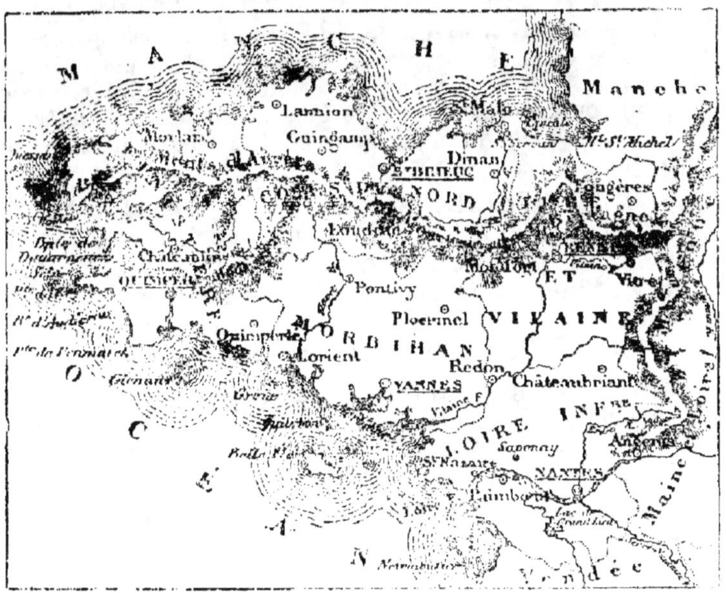

Fig. 18. — Bretagne.

ILLE-ET-VILAINE (602,000 h.) ; chef-lieu **Rennes** ✝
(57,000 h.), fabriques de toiles à voiles, tanneries.

Lieux remarquables : SAINT-MALO, port de commerce et de pêche à la morue. Patrie de Duguay-Trouin et
de Châteaubriand. — A l'est de Saint-Malo, se trouve la baie
de *Cancale*, célèbre par ses huitres.

COTES-DU-NORD (631,000 h.) ; chef-lieu **Saint-
Brieuc** ✝ (16,000 h.), au fond de la baie du même nom ;
commerce de *grains*, de *lin*, *chanvre* et *bestiaux*.

Lieux remarquables : GUINGAMP, fabriques de toiles. — LANNION, commerce de grains.

FINISTERE (666,000 h.) ; chef-lieu Quimper †
(13,000 h.), non loin de la mer; chantiers de construction de navires ; pêche de la sardine.

Lieux remarquables : Brest (66,000 h.), port de la
marine militaire, sur une rade magnifique et très-vaste. Elle
possède un bel arsenal et l'École navale ; câble transatlan-
tique aboutissant à l'île Saint-Pierre, près de Terre-Neuve. —
Morlaix (1000 h.), port de commerce, manufacture de tabacs.

MORBIHAN (500,000 h.) ; chef-lieu Vannes †
(18,000 h.), au fond de la baie du Morbihan, possède
des chantiers de construction pour les navires.

Lieux remarquables : Lorient (35,000 h.) ; port
militaire et place forte avec de vastes chantiers de construction. — *Hennebon*, où la comtesse de Montfort se défendit courageusement contre Charles de Blois. — *Quiberon*,
sur la presqu'île du même nom, célèbre par le désastre des
émigrés, en 1795. — *Auray*, où Duguesclin fut défait en 1364.

LOIRE-INFÉRIEURE (613,000 h.); chef-lieu Nantes † (122,000 h.), sur la Loire, port très-commer-
çant, avec chantiers de construction. Nantes possède
des raffineries de sucre, fait des conserves alimentaires, etc. Henri IV y rendit en faveur des calvinistes
(1598) un édit révoqué ensuite par Louis XIV.

Lieux remarquables : Saint-Nazaire (18,000 h.), à
l'embouchure de la Loire, avant-port de Nantes, où s'arrêtent les gros navires. — *Guérande*, où fut signé le traité
qui mit fin à la guerre de succession de Bretagne (1365).

67. Productions régionales. — La Bretagne, avec
ses rivages découpés et battus par les tempêtes, est
beaucoup moins fertile que la Normandie ; mais si
elle renferme de vastes *landes*, elle a aussi de nombreux *pâturages* où paissent des *vaches laitières* très-
estimées ; elle produit surtout du *lin* et du *chanvre*,
dont on fabrique des *toiles* renommées. Elle envoie
aussi sur les marchés du centre le produit de ses
pêches : *sardines*, *morues*, *maquereaux*, etc.

68. L'Anjou, qui fut réuni au domaine royal sous
Louis XI après la mort du roi René et de son neveu
Charles du Maine, forme un département:

MAINE-ET-LOIRE (517,000 h.) ; chef-lieu Angers †
(56,000 h.), sur la Maine, fait une grande exploitation
d'ardoises, possède une école d'arts et métiers.

Lieux remarquables : Cholet, (14,000 h.), où se

trouvent des fabriques importantes de toiles, mouchoirs, etc.
— *Saumur* (13,000 h.), école de cavalerie.

69. Le **Maine**, réuni au domaine royal par Louis XI en même temps que l'Anjou (1481), forme 2 départements :

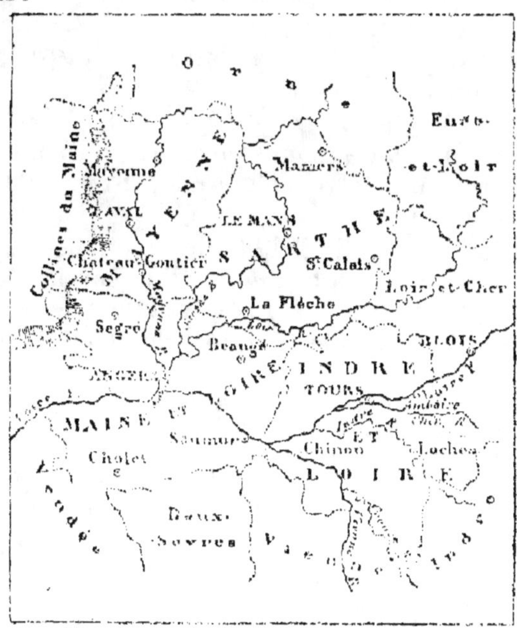

Fig. 19. — Anjou, Maine et Touraine.

MAYENNE (352,000 h.); chef-lieu Laval † (27,000 h.), où l'on fabrique des toiles dites de *Laval*.

Ville principale : Mayenne (10,000 h.); mines de charbon et forges dans les environs.

SARTHE (446,000 h.); chef-lieu Le Mans † (50,000 h.), sur la Sarthe, fait un grand commerce de volailles grasses et de toiles ; défaite de l'armée de la Loire mise en déroute par les Allemands en 1871.

Ville principale : La Flèche, sur le Loir, possède une école militaire pour les fils d'officiers sans fortune.

70 Productions régionales.—Les deux provinces de l'Anjou et du Maine forment, avec la Touraine, la région naturelle de la basse Loire, jouissant d'un climat plus doux que celui de la Bretagne; cette région est fertile en *lin* et par suite en fabriques de *toiles;* elle renferme aussi de belles races de *bœufs*, de *porcs* et de *volailles ; les pépinières* et les *ardoisières* de l'Anjou sont renommées.

CENTRE.

Les provinces du centre sont : la *Touraine*, l'*Orléanais*, le *Berri*, le *Nivernais*, le *Bourbonnais*, la *Marche*, l'*Auvergne* et le *Limousin*.

71. La **Touraine**, confisquée par Philippe-Auguste, sur le roi d'Angleterre, Jean-sans-Terre (1203), forme un département :

INDRE-ET-LOIRE (324,000 h.) (voir fig. 19) ; chef-lieu Tours ‡ (48,000 h.), jolie ville, sur la Loire, renommée par ses soieries. Près de cette ville se trouvent les ruines du château de Plessis-les-Tours, où résida et mourut Louis XI.

Lieux remarquables : AMBOISE, sur la Loire, patrie du cardinal d'Amboise, ministre et ami de Louis XII ; ville où naquit et mourut Charles VIII ; célèbre par la conjuration qui s'y forma entre les Guises, en 1560 ; château où fut interné Abd-el-Kader. — *Mettray*, colonie agricole de jeunes détenus.

72. L'**Orléanais**, domaine primitif des Capétiens (987), forme 3 départements :

LOIRET (361,000 h.) ; chef-lieu Orléans † (52,000 h.), sur la Loire ; belle cathédrale ; commerce en vins, vinaigre et bois. En 450, attaquée par Attila, elle fut défendue par son évêque saint Aignan. En 1428, assiégée par les Anglais, elle fut délivrée par Jeanne d'Arc. En 1870, elle fut prise par les Allemands, malgré la victoire remportée sur eux, à *Coulmiers*.

Lieu remarquable : PATAY, où Jeanne d'Arc défit les Anglais, en 1429.

EURE-ET-LOIR (283,000 h.) ; chef-lieu Chartres † (20,000 h.). sur l'Eure, placée au centre de la région agricole appelée la Beauce, fait un grand commerce de blé ; la cathédrale, où fut sacré Henri IV, en 1594, est remarquable par la hauteur et la beauté de ses flèches.

Villes principales : CHATEAUDUN, qui fut, en 1870, brûlée par les Prussiens, à la suite de l'héroïque résistance de ses habitants. — DREUX. où, en 1562, se livra entre protestants et catholiques une bataille dans laquelle le prince de Condé fut fait prisonnier par le duc de Guise. — *Brétigny*, où fut signé, en 1360, un traité désastreux avec Edouard III, roi d'Angleterre.

LOIR - ET - CHER (272,000 h.) ; chef-lieu BLOIS ☩ (20,000 h.), jolie ville, sur la Loire, conserve encore le beau château où naquit Louis XII, et où le duc et le cardinal de Guise furent assassinés, en 1588, par ordre de Henri III.

Lieu remarquable : Le château de *Chambord* construit par François Iᵉʳ.

73. **Le Berri,** acheté de son vicomte par le roi Philippe Iᵉʳ (1101), forme 2 départements :

Fig. 20. — Orléanais et Berri.

CHER (345,000 h.) ; chef-lieu BOURGES ✝ (35,000 h.), possède une belle cathédrale, une fonderie de canons, un bel hôtel de ville, qui était la maison de Jacques Cœur, argentier de Louis VII. Patrie du jésuite Bourdaloue, grand orateur sacré.

Lieu remarquable : VIERZON, avec deux manufactures de porcelaines et des forges importantes.

INDRE (281.000 h.) ; chef-lieu CHATEAUROUX (19,000 hab.), fabriques de drap.

74. Productions régionales. — La Touraine produit des fruits en abondance, ce qui l'a fait surnommer le *jardin de la France*. L'Orléanais et le Berri sont compris dans la région de la moyenne Loire : la partie située au nord et appelée la BEAUCE est très-fertile en *céréales* ; mais quand on se dirige vers le sud, on rencontre des sols ingrats comme celui de la *Brenne*, toute marécageuse, et celui de la *Sologne*, rebelle à la culture ; les vignes, assez nombreuses, donnent beaucoup de vin ; on y trouve aussi des *forêts*, entre autres, la forêt d'Orléans, la plus grande de France, et des minerais produisant un fer estimé, *le fer du Berri*.

75. Le Nivernais, réuni à la France par le cardinal Mazarin 1659, forme un département (voir fig. 13).

NIÈVRE (346,000 h.) ; chef-lieu NEVERS † (22,000 hab.), au confluent de la Loire et de la Nièvre, fait un commerce de céréales et fabrique des faïences et des émaux estimés.

Lieu remarquable : FOURCHAMBAULT, forges considérables.

76. Le Bourbonnais, confisqué par François Ier, après la trahison du connétable de Bourbon (1527), forme un département :

ALLIER (405,000 h.) ; chef-lieu MOULINS † (21,000 hab.), fabrique de coutellerie. Patrie du maréchal de Villars.

Villes principales : MONTLUÇON (23,000 h.), manufactures de glace, verreries, forges et hauts fourneaux alimentés par les riches mines de houille de *Commentry* (près Montluçon). — *Vichy*, renommé par ses eaux minérales.

77. L'Auvergne, confisquée par François Ier, après la trahison du connétable de Bourbon (1527), forme 2 départements :

PUY-DE-DOME (570,000 h.) ; chef-lieu CLERMONT-FERRAND † (41,000 h.) ; renommée par ses fruits confits. On y trouve une fontaine pétrifiante, Saint-Allyre. En 1095, il s'y tint un concile, où le pape Urbain

II prêcha la première croisade. C'est la patrie de Pascal et du général Desaix.

Lieux remarquables : Les BAINS DU MONT DORE, dont les eaux minérales sont recherchées. — *Volvic*, grande exploitation de pierres qu'on retire des courants de lave.

CANTAL (231,000h.); chef-lieu AURILLAC (11,000h.), grand commerce de chaudronnerie. Patrie du savant Gerbert, pape sous le nom de Sylvestre II.

Lieux remarquables. SAINT · FLOUR †, forges importantes pour la chaudronnerie. — *Chaudes-Aigues*, dont les eaux thermales, utilisées pour le chauffage des maisons, atteignent presque la température de l'eau bouillante.

78. La **Marche**, confisquée par François Ier (1527), après la trahison du connétable de Bourbon, forme un département.

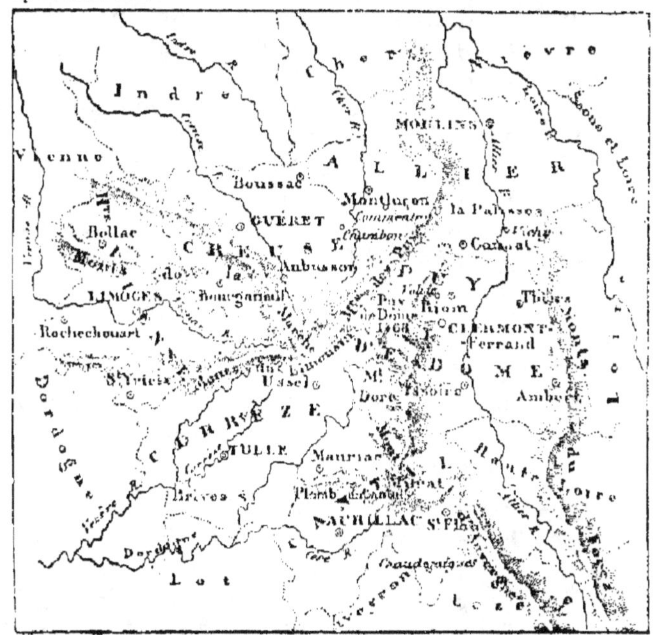

Fig. 21. — Bourbonnais, Auvergne, Marche et Limousin.

CREUSE (278,000 h.), chef-lieu GUÉRET (5,000 h.).

Ville principale : AUBUSSON, manufacture de tapis renommés.

79. Le **Limousin**, confisqué par Charles V, sur le prince Noir, en 1369, forme 2 départements :

HAUTE-VIENNE (336,000 h.) ; chef-lieu LIMOGES †
(59,000 h.). renommée pour sa porcelaine, dont elle
doit la fabrication au kaolin de *Saint-Yrieix* (Haute-
Vienne). Patrie du maréchal Bugeaud.

CORRÈZE (311,000 h.); chef-lieu TULLE †(15,000 h.),
fabrique d'armes à feu.

80. Productions régionales. — Le Nivernais, le
Bourbonnais, l'Auvergne, la Marche et le Limousin
forment ce qu'on peut appeler la région du *Massif
Central*, d'où partent, à peu près tous les cours d'eau
de la rive droite de la Garonne, du bassin de la Charente et de la rive gauche de la Loire. Le climat en est
relativement froid ; on y cultive plus de *sarrasin* et de
seigle que de *froment;* cependant on y trouve quelques
fertiles campagnes, telle que la riche *Limagne*, ou vallée
supérieure de l'Allier, qui produit particulièrement
des *fruits*, du *vin* et renferme de la *houille*, du *fer*,
des *forêts*, des *eaux minérales*. De beaux pâturages
nourrissent des *bœufs*, des *vaches* et des *moutons*. Les
forêts du Limousin produisent des *chênes*, des *noyers*,
surtout des *châtaigniers*, dont le fruit sert de nourriture aux habitants des campagnes. L'industrie y est
peu développée, le commerce moins actif que dans
les autres régions de la France.

SUD-OUEST.

Les provinces du sud-ouest sont : le *Poitou*, l'*Aunis*
et la *Saintonge*, l'*Angoumois*, la *Guyenne* et la *Gascogne*, le *Béarn*.

81. Le **Poitou**, conquis après confiscation sur le
prince Noir par Charles V (1369-1374), forme 3 départements :

VIENNE (331,000 h.) ; chef-lieu POITIERS † (33,000
h.), sur le Clain, rappelle une grande victoire, remportée, en 732, par Charles-Martel sur les Sarrasins et
une désastreuse bataille où Jean-le-Bon fut fait prisonnier par le prince Noir, en 1356.

Lieux remarquables : CHATELLERAUT, fabriques
importantes de coutellerie et d'armes blanches. — *Vouillé*,
village au nord-ouest de Poitiers, où Clovis vainquit Alaric
II, roi des Wisigoths (507).

DEUX-SÈVRES (336,000 h.); chef-lieu Niort (21,000 h.), fabriques de gants; importantes foires de bestiaux. Patrie de madame de Maintenon.

VENDÉE (411,000 h.); chef-lieu La Roche-sur-Yon (9,000 h.), qui s'est aussi appelée *Bourbon-Vendée* et *Napoléon-Vendée* ; fut de 1793 à 1796 le théâtre d'une sanglante guerre civile réprimée par le général Hoche.

Lieux remarquables : Les Sables d'Olonne, petit port de mer. — *Luçon* †, dont Richelieu fut évêque.

82. L'Angoumois, domaine privé de François Ier, réuni à la couronne par son avénement au trône (1515) ne forme qu'un département.

Fig. 22. — Poitou, Angoumois, Aunis et Saintonge.

CHARENTE (373,000 h.); chef-lieu Angoulême † (30,000 h), possédant les plus importantes fabriques de papier qu'il y ait en France.

Lieux remarquables : Cognac (14,000 h.), patrie de François Ier, distillation et commerce des eaux-de-vie les plus renommées. — Jarnac, où les catholiques, commandés par le duc d'Anjou et Tavannes, battirent les calvinistes ayant à leur tête le prince de Condé, qui y fut tué.

83. Le pays d'Aunis et Saintonge, réunis à la couronne par confiscation sur le prince Noir et par conquête sous Charles V (1360-1374), forme un département :

CHARENTE-INFÉRIEURE (465,000 h.) ; chef-lieu LA ROCHELLE † (19,000 h.), ville forte et port de mer sur l'Océan, boulevard du protestantisme au XVIe siècle, fut prise par le cardinal Richelieu après un siége acharné (1628). Patrie du physicien Réaumur.

Lieux remarquables : ROCHEFORT (27,000 h.), port militaire et port marchand, près de l'embouchure de la Charente. — SAINTES (13,000 h.). — *Taillebourg*, où saint Louis remporta sur les Anglais deux victoires célèbres (1242). — MARENNES, renommée pour ses huitres.

84. Productions régionales. — Le *Haut-Poitou* renferme de beaux pâturages qui nourrissent des *bœufs* destinés à l'approvisionnement de Paris et les *mulets* les plus estimés de France ; au centre de la région, on trouve de riches plaines, où l'on cultive le maïs ; dans l'Angoumois et la Saintonge, c'est-à-dire dans la vallée de la *Charente*, de riches *vignobles* produisent des *vins* dont on tire, par distillation, les *eaux-de-vie* dites de *Cognac* ; enfin les bords de la mer, bas et marécageux, sont convertis en *marais salants*. L'industrie est d'ailleurs partout peu développée dans cette région.

85. La Guyenne et la Gascogne, conquises sur les Anglais, par Charles VII (1453), forment 9 départements :

GIRONDE (735,000 h.) ; chef-lieu BORDEAUX ‡ (215,000 h), avec un beau port sur la Garonne ; une des plus belles et des plus importantes villes de France ; grand marché des fruits et des conserves alimentaires du midi, des eaux-de-vie et des vins de Bordeaux, de Médoc, des Graves, etc.

Lieux remarquables : COUTRAS, victoire de Henri IV sur Joyeuse, qui y fut tué (1587). — CASTILLON, sur la Dordogne, où les Français remportèrent sur les Anglais, commandés par le grand Talbot, une victoire qui mit fin à la guerre de Cent Ans.

DORDOGNE (480,000 h.) ; chef-lieu PÉRIGUEUX † (24,000 h.), dont les truffes sont les plus renommées de France.

LOT (276,000 h.) ; chef-lieu CAHORS † (13,000 h.),

grand commerce de vins ; près de cette ville se trouve le village de *la Bastide*, où naquit Murat, qui, de fils d'aubergiste, devint roi de Naples.

AVEYRON (413,000 h.); chef-lieu Rodez † (13,000 h.), fabriques de serges.

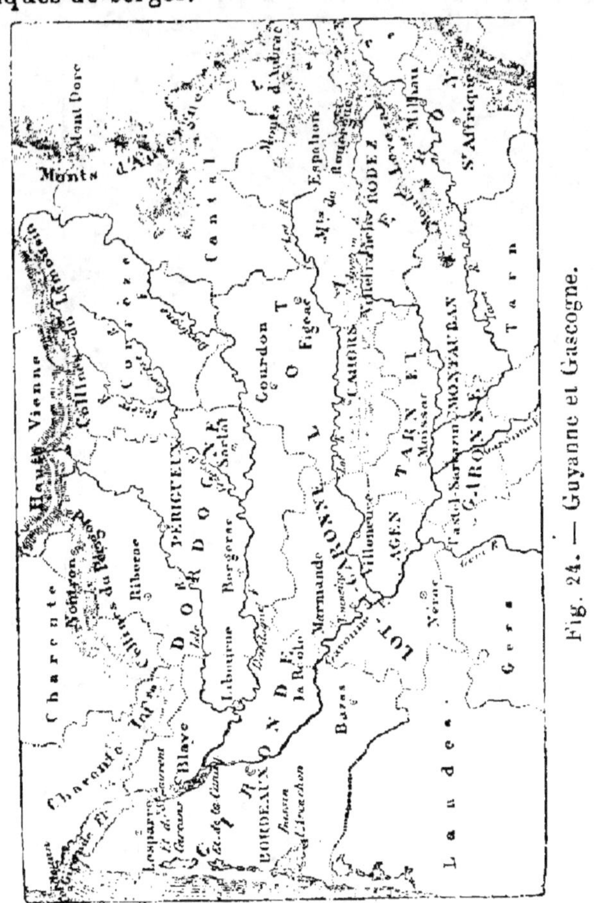

Fig. 24. — Guyanne et Gascogne.

Lieu remarquable : Milhau (15,000 h.), commerce de fromages de *Roquefort*.

LOT-ET-GARONNE (317,000 h); chef-lieu Agen † (19,000 h.), renommé pour ses pruneaux et ses fruits confits. Patrie de Bernard Palissy, potier de génie.

Lieux remarquables : Nérac, pâtés renommés. — *Tonneins,* manufacture de tabacs.

TARN-ET-GARONNE (221,000 h.); chef-lieu Mon-

TAUBAN ☩ (27,000 h.), une des principales places fortes des calvinistes pendant les guerres de religion. Patrie d'Ingres, célèbre peintre de notre siècle.

GERS (283,000 h.) : chef-lieu AUCH ☩ (13,000), fait un grand commerce d'eaux-de-vie d'Armagnac. Patrie de l'amiral Villaret-Joyeuse (voir fig. 24).

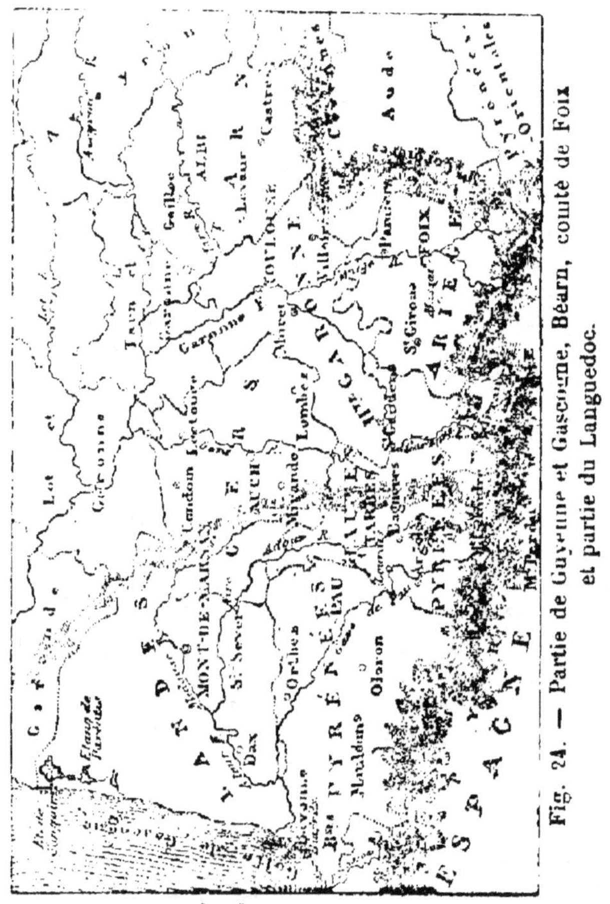

Fig. 24. — Partie de Guyenne et Gascogne, Béarn, comté de Foix et partie du Languedoc.

HAUTES PYRÉNÉES (283,000 h.) ; chef-lieu TARBES ☩ 21,000 h.) (voir fig. 24).

Lieux remarquables : *Bagnères, Barèges, Cauterets*, possédant des eaux minérales très-fréquentées.

LANDES (303,000 h.) ; chef-lieu MONT-DE-MARSAN (9,000 h.) commerce de toiles à voiles, vins et eaux-de-vie (voir fig. 24).

Lieux remarquables : AIRE - SUR - L'ADOUR †. — *Pouy,* patrie de saint Vincent de Paul, près de *Dax* remarquable par ses antiquités romaines.

86. Le Béarn, domaine de Henri IV, réuni à la couronne par son avénement au trône (1589), forme un département :

BASSES-PYRÉNÉES (431,000 h.) ; chef-lieu PAU (29,000 h.), jolie ville, située sur le *Gave de Pau ;* c'est la patrie de **Henri IV** et du général Bernadotte, qui devint roi de **Suède.**

Lieux remarquables : BAYONNE † (27,000 h.), sur l'Adour, ville forte, **port commerçant** ; connu par son chocolat et ses jambons. — *Eaux-Bonnes,* dont les bains d'eaux thermales sont très-fréquentés.

87. Productions régionales. — La Guyenne et la Gascogne occupent presque tout le bassin de la Garonne et celui de l'Adour : au SUD, le pays, coupé de profondes et étroites vallées, possède des *pâturages* qui nourrissent des *chevaux* estimés ; on y trouve des mines de *fer,* des carrières de *marbre,* des *eaux minérales* ; au CENTRE, dans la belle et large vallée de la Garonne, abondent le *maïs,* la *vigne,* les *fruits,* les *truffes ;* au NORD, sur le flanc sud-ouest du Massif central, on rencontre des *pâturages* où l'on élève des *bœufs* et des *moutons,* des *châtaigniers,* un peu de *houille,* des hauts fourneaux produisant *des fers du Périgord.* Enfin les Landes, vers le golfe de Gascogne, renferment de vastes forêts de *pins* produisant la *résine.* L'industrie y est d'ailleurs peu active partout, si ce n'est à Bordeaux.

SUD-EST.

La région du sud-est comprend 10 provinces : le *comté de Foix,* le *Roussillon,* le *Languedoc,* la *Corse,* le *comté de Nice,* la *Provence,* le *comtat Venaissin,* le *Dauphiné,* la *Savoie,* le *Lyonnais.*

88. Le comté de Foix, portion du domaine primitif de Henri IV, réuni à la couronne par son avénement (1589), forme un département :

ARIÈGE (244,000 h.) ; chef-lieu FOIX (6,000 h.), sur l'Ariége, nom qui, dans l'ancienne langue du pays, signifiait qu'autrefois cette rivière roulait des paillettes d'or.

Lieux remarquables : MASSAT, mines de fer et forges considérables. — *Pamiers* †, fabriques d'étoffes de laines.

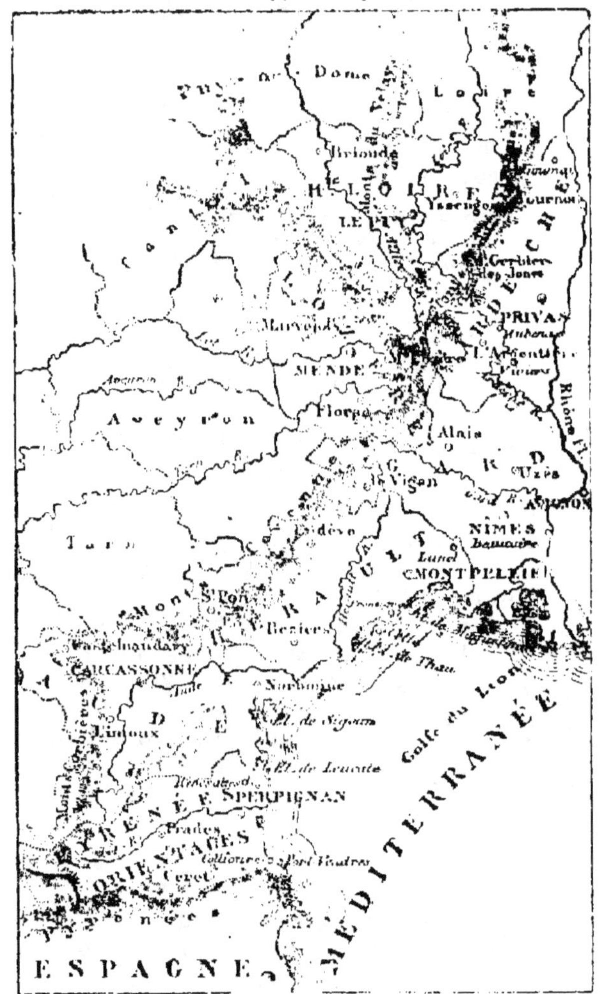

Fig. 25. — Roussillon et Languedoc.

89. Le Roussillon, conquis sur l'Espagne, sous le ministère de Richelieu, et cédé à Louis XIV, par le traité des Pyrénées (1659), forme un département :

PYRÉNÉES-ORIENTALES (198,000 h.) ; chef-lieu PERPIGNAN † (28,000 h.), place forte.

Lieux remarquables : RIVESALTES, commerce de vins et de liqueurs. — *Port-Vendres*, port sur la Méditerranée.

90. Productions régionales. — Le Roussillon et le comté de Foix, chauds surtout à l'est, produisent sur le bord de la Méditerranée, l'*olivier*, l'*amandier*, la *vigne* ; dans la partie montagneuse, on trouve des *pâturages*, des *forêts*, et d'*excellent minerai* de fer.

91. Le Languedoc, réuni à la France en 1271, par Philippe le Hardi, à la mort d'Alphonse de Poitiers, frère de saint Louis, et de sa femme Jeanne de Toulouse, qui ne laissaient pas d'héritiers, forme les 8 départements suivants :

HAUTE-GARONNE (477,000 h.) (voir fig. 24) ; chef-lieu TOULOUSE ‡ (131,000 h.) ; ville bien bâtie, industrielle et commerçante ; on remarque l'hôtel de ville, appelé Capitole, sur une belle place. En 1814, le maréchal Soult avec 30,000 hommes, y résista au duc de Wellington, qui en avait 60,000.

Lieu remarquable : MURET, où Simon de Montfort vainquit Pierre II, roi d'Aragon, qui était venu au secours des Albigeois, et qui y fut tué (1213).

TARN (359,000 h.) ; chef-lieu ALBI ‡ (19,000 h.) (voir fig. 24), qui donna son nom aux Albigeois, à qui l'on fit une terrible guerre pendant 20 ans ; magnifique cathédrale ; patrie du navigateur Lapérouse.

Ville principale : CASTRES, manufactures de draps.

AUDE (300,000 h.) ; chef-lieu CARCASSONNE † (26,000 h.), grandes fabriques de draps.

Ville principale : NARBONNE (20,000 h.), dont le miel est le meilleur de France.

HERAULT (445,000 h.) ; chef-lieu MONTPELLIER † (55,000 h.), fait un grand commerce d'eaux-de-vie communes et de vins muscats (*Lunel* et *Frontignan*). École de médecine renommée.

Villes principales : CETTE, grand port de commerce pour l'exportation des vins, des eaux-de-vie et des liqueurs. — *Béziers* (38,000 h.), place forte, saccagée pendant la guerre des Albigeois.

GARD (423,000 h.) ; chef-lieu NÎMES † (63,000 h.), où l'on admire des monuments romains : la *Maison-Carrée* et les *Arènes* ; et à 21 kilomètres de là, le *Pont du Gard*, fameux aqueduc de 272 mètres de long et de 46 mètres de haut, qui conduit à Nîmes les eaux de deux rivières.

Villes principales : ALAIS (20,000 h.), au centre d'un riche bassin de houille et de fer, possède des filatures de soie. — *Aigues-Mortes*, petit port relié à la mer par un canal. Saint-Louis s'y embarqua en 1248 et en 1269 pour la croisade. — *Beaucaire*, dont la foire est célèbre.

LOZÈRE (138,000 h.) ; chef-lieu MENDE † (7,000 h.), papeteries, pays de montagnes peu cultivé mais boisé.

ARDÈCHE (384,000 h.) ; chef-lieu PRIVAS (7,000 h.), manufactures de soieries.

Lieux remarquables : VIVIERS †. — *Annonay* (15,000 h.), papeteries. Patrie des frères Montgolfier, inventeurs des aérostats. — *Vals*, eaux minérales.

HAUTE-LOIRE (313,000 h.) ; chef-lieu LE PUY (19,000 h.), centre d'une grande fabrication de dentelles, de blondes et de guipures ; bâtie en amphithéâtre sur deux versants du mont Anis, cette ville est dominée par un rocher dont le sommet est couronné par une statue de Notre-Dame de France, haute de 16 mètres, et coulée en fonte avec 213 canons pris à Sébastopol.

92. Productions régionales. — Le Languedoc, la plus vaste province après la Guyenne et Gascogne, produit : Au nord, dans la partie couverte par les montagnes des Cévennes, des *marbres*, du *fer*, de la *houille*, des forêts de *châtaigniers*, et des *pâturages* qui nourrissent de belles races de *moutons-mérinos* ; sur les pentes inférieures, le *mûrier* et par suite le *ver à soie* et des *filatures de soie* ; sur les côtes du Rhône et les coteaux du Bas-Languedoc, des *vignobles* plus riches en général par l'abondance que par la qualité des produits ; enfin dans la partie méridionale, les *abeilles* qui donnent un *miel* excellent, des fabriques de *draps*, des *étangs* d'où l'on tire le *sel*.

93. Le Comté de Nice, cédé à la France par le roi d'Italie Victor-Emmanuel (traité de Turin, 1860), forme un département :

ALPES-MARITIMES (203,000 h.) ; chef-lieu Nice † (55,000 h.), dont le climat doux et tempéré et la salubrité exceptionnelle attirent en hiver une foule d'étrangers. Masséna est né près de Nice.

Lieux remarquables : GRASSE (18,000 h.), commerce de parfumerie le plus considérable de France. — *Antibes*, place forte et port de commerce — *Cannes*, où débarqua Napoléon Ier à son retour de l'île d'Elbe ; séjour d'hiver très-recherché à cause de la douceur du climat.

94. La Provence, réunie au domaine royal sous

Fig. 26. — Provence, comté de Nice et comtat Venaissin.

Louis XI, à la mort du roi René de Provence et de son neveu Charles du Maine (1481), forme 3 départements :

BOUCHES-DU-RHONE (556,000 h.) ; chef-lieu MARSEILLE + (318,000 h.), avec un beau port sur la Méditerranée, la troisième ville de France par sa population, la première par son commerce maritime et son industrie ; elle est en relation avec les cinq parties du monde et fabrique surtout beaucoup de savons ; patrie de M. Thiers, illustre orateur et homme d'Etat.

Villes principales : AIX (28,000 h.), eaux minérales ; renommée pour ses huiles d'olive ; patrie de Mirabeau. — *La Ciotat*, port de construction.

VAR (295,000 h.) ; chef-lieu DRAGUIGNAN (9,000 h.) ; grand commerce d'huile d'olive.

Lieux remarquables : TOULON (70,000 h.), grand port militaire avec de vastes chantiers pour la construction des navires de guerre ; en 1793 fut repris sur les Anglais par Bonaparte, qui devint plus tard empereur. — *Hyères* (12,000 h.), sur les bords de la rade des îles d'Hyères. — *Fréjus* +, près du golfe du même nom.

BASSES-ALPES (136,000 h.) ; chef-lieu Digne † (7,000 h.).

Ville principale: Sisteron, place forte au débouché d'un passage des Alpes.

95. Le Comtat Venaissin, réuni en 1791, forme un département :

VAUCLUSE (255,000 h.) ; chef-lieu Avignon ‡ (38,000 h.) ; cette ville a été la résidence des papes de 1305 à 1377 depuis Clément V jusqu'à Grégoire XI ; commerce de soie, de garance et d'huile d'olive.

Lieu remarquable: *La fontaine de Vaucluse*, illustrée par Pétrarque, et jaillissant avec une abondance extraordinaire.

96. Productions régionales.—Adossée aux Alpes, cette région possède, à l'est, dans la partie montagneuse, des *pâturages* et des *forêts* ; dans sa partie méridionale et occidentale, outre les céréales, elle produit l'*olivier*, le *mûrier*, l'*oranger*, le *figuier*, la *vigne*, la *garance*, les *fleurs* odoriférantes. L'industrie est conforme aux produits du sol : l'olive a donné naissance aux *huileries* ; l'huile aux *savonneries*, les fleurs aux fabriques de *parfums*.

97. Le **Dauphiné**, cédé à Philippe VI par le Dauphin Humbert II (1349), forme 3 départements :

ISERE (581,000 h.); chef-lieu Grenoble † (45,000 h.), place forte ; fait un grand commerce de gants.

Lieux remarquables: Vienne, manufactures de draps ; il s'y tint, en 1311, le concile qui abolit l'ordre des Templiers. — La *Grande Chartreuse*, couvent célèbre fondé par saint Bruno, en 1084.

DROME (321,000 h.); chef-lieu Valence† (23,000 h.), sur le Rhône, où le pape Pie VI mourut en 1799.

Ville principale : Montelimar, dont les *nougats* sont renommés ; commerce des vins estimés de l'Hermitage.

HAUTES ALPES (119,000 h.) ; chef-lieu Gap † (9,000 h.).

Ville principale : Briançon, place très-forte, ville de France la plus élevée au-dessus du niveau de la mer (1,321 mètres).

98. La **Savoie**, cédée à la France en 1860, en même temps que le comté de Nice, forme 2 départements :

SAVOIE (268,000 h.) ; chef-lieu CHAMBÉRY † (18,000 h.), fabriques de gazes renommées.

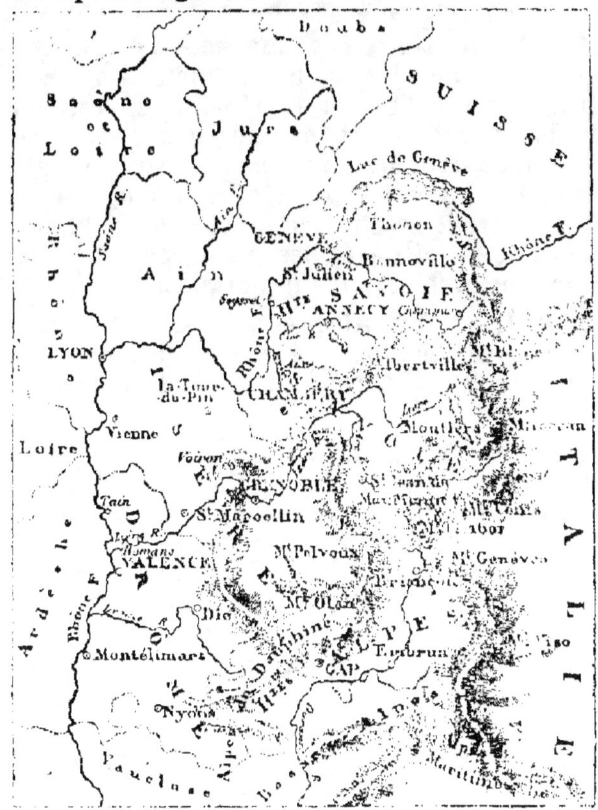

Fig. 27. — Dauphiné et Savoie.

Lieux remarquables : AIX LES-BAINS, près du lac du Bourget, ville très-fréquentée pour ses eaux minérales. — Le *col de Fréjus*, sous lequel, à une hauteur de 1,300 mètres, entre le mont Cenis et le mont Thabor, a été contruit le plus beau *tunnel* de l'Europe. — *Moutiers* †, établissements thermaux. — *Saint-Jean-de-Maurienne* †, hauts-fourneaux, mines de plomb argentifère.

HAUTE SAVOIE (273,000 h.) ; chef-lieu ANNECY † (12,000 h.) ; sur le beau lac du même nom, patrie de saint François de Sales. Dans les environs naquit saint Bernard dit Saint-Bernard de Menthon, fondateur des hospices du Grand et Petit Saint-Bernard, destinés à secourir les voyageurs.

Lieu remarquable : CHAMONIX, au pied du Mont-Blanc, bourg situé dans une vallée célèbre par des sites qui attirent beaucoup de voyageurs.

99. Productions régionales.—Cette contrée montagneuse, dont les hauts sommets sont couverts de neiges perpétuelles, est en général peu fertile, excepté sur les bords du Rhône ; les *bestiaux*, surtout les *chèvres*, sont nombreux dans les *pâturages alpestres* ; par suite, on fait beaucoup de *fromage*. L'industrie *métallurgique* avec la *houille* et le *fer* de l'Isère, et le *tissage* de la *toile* avec les *chanvres* de la vallée de l'Isère ont une certaine importance.

100. Le **Lyonnais**, réuni au domaine royal sous Philippe-le-Bel, par la cession forcée de l'archevêque de Lyon (1312), forme 2 départements (voir fig. 13) :

RHONE (705,000 h.), chef-lieu Lyon ✝ (342,000 h.), belle et grande cité au confluent du Rhône et de la Saône ; c'est la seconde ville de France par son importance, et la première d'Europe pour la fabrication des soieries et des châles. C'est la patrie de Jacquart, inventeur de métiers à tisser. Saint Pothin y souffrit le martyre en 177.

Lieux remarquables : GIVORS, mines et entrepôt de houille, verreries. — TARARE (14,000h.), fabriques de mousseline.

LOIRE (590,000 h.), chef-lieu SAINT-ÉTIENNE (127,000 h.), au milieu d'un immense bassin houiller ; les eaux du Furens, qui l'arrose, sont excellentes pour la trempe de l'acier ; de là, son immense fabrication d'armes de guerre et de chasse. On y fabrique aussi beaucoup de rubans de soie et de velours.

Ville principale : ROANNE (22,000 h.), ville très-industrieuse, filatures.

101. Productions régionales. — Le Lyonnais, divisé en deux parties par les Cévennes, est une petite province montagneuse ; elle produit des *châtaigniers*, surtout des *mûriers* dont les feuilles servent de nourriture aux *vers à soie*. Le *grand bassin houiller de la Loire* a donné naissance aux *forges*, aux *verreries*, etc. Cette province est un des centres les plus actifs du travail manufacturier en France.

102. L'Ile de Corse, achetée des Génois sous Louis XV (1768) forme le département de la CORSE, (262,000 h.) ; chef-lieu AJACCIO † (17,000. h.), place forte et port au fond d'un golfe du même nom. Patrie de Napoléon Iᵉʳ.

Ville principale : BASTIA, la plus importante place de l'île.

103. Productions. Pauvre, mal cultivée, et nullement industrielle, cette île renferme cependant des *marbres*, des

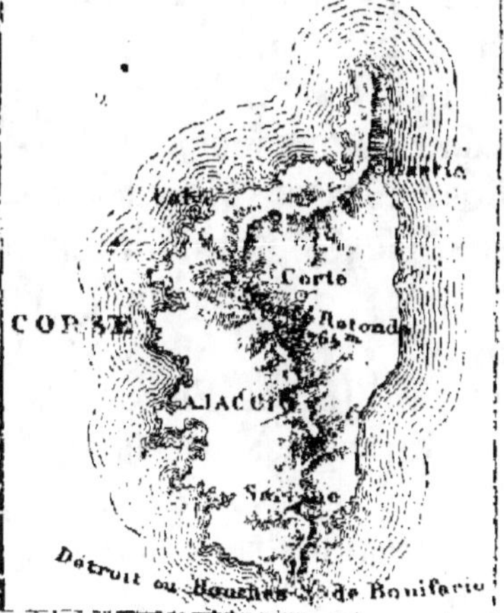

Fig. 28. — Corse.

forêts de *châtaigniers*, de *chênes* et de *sapins*.

DEVOIR

Indiquer d'où un département quelconque tire son nom. — Nommer l'ancien gouvernement dont il faisait partie. — Dire à quel grand bassin il appartient. — Quelles sont les principales productions de chaque région. — Quelles sont les préfectures et sous-préfectures des divers départements. — Reproduire autant que possible les petites cartes intercalées dans le texte. — Se servir des cartes muettes pour placer les différents endroits dont il est question dans la description des départements en commençant par une région et en rattachant successivement cette région à ses voisines. — Dire quels sont les départements qui bornent un département quelconque. — Aller, de mémoire, en ligne droite d'un point à un autre en indiquant les départements qu'on traverse et les lieux remarquables près desquels on passe. — Tracer au tableau la carte de France avec les principaux cours d'eau et y placer aussi exactement que possible les chefs-lieux.

104. RÉSUMÉ DE LA GÉOGRAPHIE AGRICOLE ET INDUSTRIELLE. — Le sol de la France *produit en abondance les* VÉGÉTAUX et nourrit les ANIMAUX nécessaires à l'alimentation ou au travail de l'homme. Ainsi l'on y récolte les céréales, c'est-à-dire le *froment*, le *seigle*, le *maïs*, l'*orge* et l'*avoine* et les plantes industrielles, c'est-à-dire le *lin*, le *chanvre*, le *colza*, la *betterave* dans la RÉGION

DU NORD-OUEST (plaines de FLANDRE, de l'ILE-DE-FRANCE, de NORMANDIE) et dans les VALLÉES DE LA GARONNE et de la SAVOIE ; les *cidres* en NORMANDIE, PICARDIE et BRETAGNE ; les *vins* principalement en CHAMPAGNE, BOURGOGNE, VALLÉE DU RHÔNE, LANGUEDOC, BORDELAIS et CHARENTES. Les *bœufs* et les *chevaux* sont élevés particulièrement dans les pâturages de FLANDRE, NORMANDIE, PERCHE, MAINE, POITOU, GUYENNE et CHAROLLAIS ; les *moutons* dans la CHAMPAGNE, l'ILE-DE FRANCE, la BOURGOGNE, la PROVENCE, le ROUSSILLON et dans les montagnes du Massif Central, les *vers à soie* dans la vallée du Rhône.

Les industries diverses sont presque toujours déterminées par la configuration ou les productions du sol. Ainsi les EXPLOITATIONS DES COMBUSTIBLES ET DES MÉTAUX ONT LEUR CENTRE DANS LE VOISINAGE DES MONTAGNES, on trouve la *houille* dans les CÉVENNES, surtout à ALAIS, à SAINT-ETIENNE et au CREUSOT ; le *fer* dans la HAUTE-MARNE, la SAÔNE-ET-LOIRE, la NIÈVRE, la HAUTE-SAVOIE, l'AVEYRON ; les INDUSTRIES TEXTILES SONT FLORISSANTES dans les régions où ABONDENT LES COMBUSTIBLES et aussi dans certains pays de PLAINES qui produisent la matière première, *lin* et *chanvre*, et dans lesquels on élève les *moutons* et les *vers à soie*; telles sont les fabriques de *toiles*, de *dentelles* et de *cotonnades* dans la RÉGION DU NORD-OUEST, FLANDRE ET ARTOIS, SAINT-QUENTIN, ROUEN et la NORMANDIE, le MAINE et la BRETAGNE ; les *lainages* de LOUVIERS, d'ELBEUF, de REIMS et de SEDAN ; les *soieries*, dans toute la vallée du Rhône, surtout à LYON, SAINT-ETIENNE et NIMES.

4ᵉ GÉOGRAPHIE COMMERCIALE.

Le COMMERCE, c'est-à-dire *l'échange des produits de l'agriculture ou de l'industrie*, se fait ou entre des localités d'*un même État* et il prend alors le nom de *commerce intérieur* ; ou entre deux pays appartenant à des États différents et il s'appelle dans ce cas *commerce extérieur*. Dans les deux circonstances, en chaque lieu, il s'établit deux mouvements contraires : celui des denrées qui *arrivent* et celui des marchandises qui *sortent*. (1) Cette CIRCULATION de marchandises facilitée par le service des *postes* et des *télégraphes* ne peut s'opérer sans de bonnes voies de communication : 1° *Routes terrestres ordinaires* ; 2° *chemins de fer* ; 3° *canaux* ; 4° *voies maritimes*.

Aujourd'hui les *routes de terre* servent particulièrement au commerce réciproque de deux villes voisines, non reliées entre elles par un chemin de fer ; les *canaux*, au commerce qui, pouvant s'accommoder de la *lenteur* du transport, a besoin de la *modicité* de son prix ; les *chemins de fer* offrent sur les canaux l'avantage de la *rapidité* de la traction. Ces trois sortes de voies relient les villes entre elles, particulièrement celles qui ont de l'importance industrielle ou commerciale et favorisent surtout le commerce extérieur. Enfin les *voies maritimes* (qui n'ont d'autre tracé que celui de la carte qui sur la mer sert de guide au capitaine d'un navire) sont comme le prolongement et le complément des routes, des canaux, des chemins de fer et les font concourir au commerce extérieur.

105. Chemins de fer. — Les chemins de fer sont divisés en six lignes principales (voir fig. 29) :

1° *Ligne de l'Ouest*, allant de Paris aux ports du Havre et de Dieppe par Rouen, à celui de Cherbourg par Evreux, Caen, avec embranchements sur Granville, et à celui de Brest par Versailles, Le Mans, Rennes, Saint-Brieuc ; 2° *ligne du Nord* de Paris à Lille, Dunkerque et la Belgique, avec embranchement à Amiens sur Boulogne et Calais ; 3° *ligne de l'Est*, de Paris à Nancy et de Paris à Belfort (anciennement jusqu'à Strasbourg et Mulhouse), et de là dans

(1) Quand le commerce a lieu entre la France et un autre État, on appelle IMPORTATION le commerce qui a pour but de faire *entrer en France* les produits venant de cet État, et EXPORTATION, le commerce qui fait *sortir de France* les marchandises a destination du même État.

l'Allemagne centrale et méridionale, et en Suisse ;
4° *ligne de Lyon-Méditerranée*, de Paris à Dijon, Lyon,
Marseille, Cette et Nice, en relation avec la Suisse
par Genève et avec l'Italie par le tunnel du Mont-
Cenis ; 5° *ligne d'Orléans*, de Paris à Orléans, Tours,

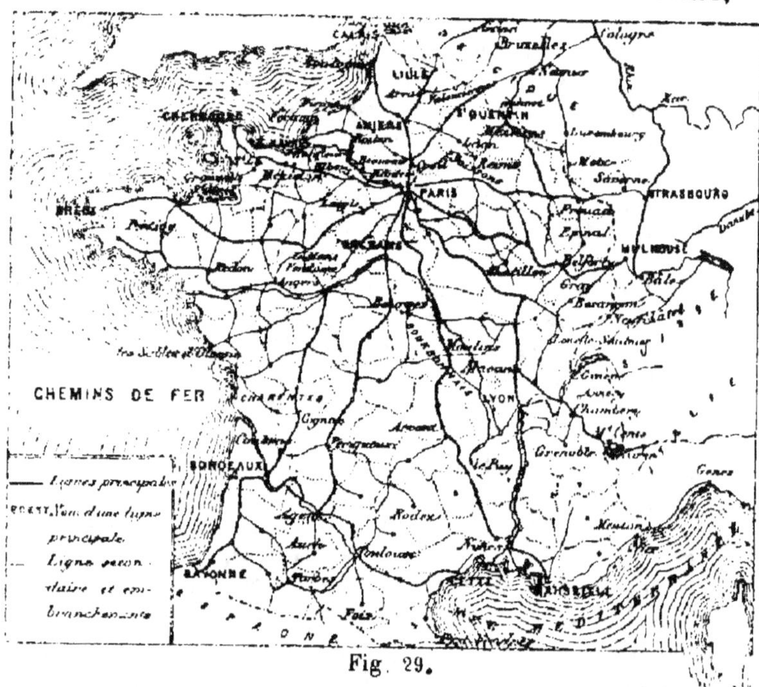

Fig. 29.

Nantes, Saint-Nazaire et Brest ; de Tours à la Rochelle
et Bordeaux; d'Orléans à Limoges et Agen ; d'Orléans
à Bourges et Clermont ; 6° *ligne du Midi*, de Bordeaux
à Bayonne et en Espagne, de Bordeaux par Toulouse
à Cette. Ces lignes sont reliées entre elles par des
embranchements.

Viennent ensuite des réseaux secondaires, entre autres les
chemins de fer de l'État de Nantes à Bordeaux par la Rochelle avec divers embranchements à l'Ouest, et le chemin
de fer de Chalons à Orléans dans l'Est.

106. Canaux. — Les principaux canaux sont (voir
fig. 30) : 1° le canal du Midi qui part de la *Garonne* à
Toulouse et aboutit à *Cette* sur la *Méditerranée* ; 2° le
canal du Centre, qui de *Digoin* (Saône et Loire) sur la

Loire, gagne la *Saône* à Châlon , & le canal de
BOURGOGNE qui commence au confluent de l'*Yonne* et
de l'*Armançon* et aboutit à Saint-Jean-de-Losne (Côte-
d'Or) ; 4° le canal de l'EST ou du RHÔNE au RHIN, qui
part de *Saint-Jean-de-Losne* et aboutit au Rhin près

Fig. 30.

de Strasbourg ; 5° le canal des ARDENNES, allant de
Pont-à-Bar (Ardennes) sur la *Meuse*, à *Neufchatel*
(Ardennes), sur l'*Aisne* ; 6° le canal de SAINT-QUENTIN
qui, partant de l'*Oise* près de la Fère (Aisne) gagne la
Somme, rejoint l'*Escaut* près de Cambrai et projette
le canal *latéral à la Somme* et le réseau des *canaux
de Flandre* ; 7° le réseau des CANAUX DE BRETAGNE
qui, partant de *Nantes*, aboutit à *Lorient* et à *Brest*
d'une part, à *Rennes* et à *Saint-Malo* d'autre part.

Pour les autres canaux, voir la carte et la légende
numérotée, fig. 30.

107. Voies maritimes. — Les chemins de fer et les
voies de communication par terre sont continués pour ainsi
dire par la navigation maritime, entre autres par les Compagnies de *Transports maritimes,* dont les deux principales sont

les **MESSAGERIES NATIONALES** et les **PAQUEBOTS TRANSATLAN-TIQUES.** Les premières ont leur centre à *Marseille*, et portent les produits français dans tout le Levant, c'est-à-dire à Constantinople, dans la mer Noire, l'Asie-Mineure, la Syrie, l'Egypte, et par le *canal de Suez* et la mer Rouge jusqu'aux Indes, en Chine et au Japon ; elles ont aussi *Bordeaux* comme tête de ligne et envoient de là des navires sur la côte occidentale d'Afrique et dans l'Amérique du sud. Les seconds partent du *Hâvre* pour les Etats-Unis ; de *Saint-Nazaire* pour les Antilles et le Mexique. Enfin, des *télégraphes électriques sous-marins* ont été immergés dans les mers qui baignent la France, et permettent de communiquer presque instantanément entre les diverses parties du monde ; dans la Méditerranée, un câble est jeté entre Port-Vendres (Pyrénées-Orientales) et la côte d'Afrique française à Oran ; dans l'Océan, entre Brest et l'îlot de Saint-Pierre, voisin des Etats-Unis à travers les 1,500 lieues de l'Atlantique.

108. RÉSUMÉ DE LA GÉOGRAPHIE COMMER-CIALE.

— Le commerce se divise en commerce *intérieur* et commerce *extérieur ;* le premier genre de commerce se fait d'abord dans les principales villes industrielles de l'intérieur : *Paris, Lyon, Lille, Rouen, Saint-Quentin ;* puis dans les villes situées sur la mer ou près de l'embouchure des fleuves, comme *Marseille* et *Cette* dans la Méditerranée ; *Bordeaux, La Rochelle, Saint-Nazaire, Nantes* sur l'océan Atlantique ; *Le Hâvre* et *Boulogne* sur la Manche. — Le commerce extérieur se fait par l'intermédiaire de nos ports et de notre marine marchande, particulièrement avec l'Angleterre, la Belgique, l'Allemagne, l'Italie, la Suisse, les Etats-Unis, la Turquie et la Russie. — Le commerce porte sur les *importations,* c'est-à-dire sur les marchandises venant de l'étranger en France, et sur les *exportations* ou marchandises allant de France à l'étranger.

Le commerce fonctionne au moyen des voies de communication : *routes ordinaires, chemins de fer, canaux* à l'intérieur, *voies maritimes* à l'extérieur ; il est facilité par le service des *postes* et des *télégraphes.*

5° GÉOGRAPHIE COLONIALE.

109. — La France possède dans les diverses parties du monde des Colonies qui procurent des matières premières à son industrie ou servent de relâche à ses vaisseaux.

La plus importante est l'Algérie située au nord de l'Afrique. Elle est bornée au nord par la Méditerranée, à l'est par la Tunisie, au sud par le Sahara ou grand désert, à l'ouest par le Maroc. Son territoire est presque aussi étendu que celui de la France, et parcouru par une triple chaîne de montagnes, l'*Atlas*. Elle est divisée en trois départements, au centre celui d'Alger, chef-lieu de toute la colonie ; à l'ouest celui d'*Oran* ; à l'est, celui de *Constantine*.

Le territoire de l'Algérie est généralement fertile dans le voisinage de la mer : il produit surtout des *céréales*, nourrit de nombreux *troupeaux* ce renferme de grandes *forêts*; on trouve des plateaux généralement arides et de vastes déserts sablonneux au sud. La population, composée en grande partie d'Arabes et de Kabyles, est d'environ 3 millions d'habitants.

Les autres colonies d'Afrique sont : Le Sénégal, sur la côte occidentale, chef-lieu *Saint-Louis*, colonie qui doit son nom au fleuve qui l'arrose ; la France en tire de la *gomme* et des graines destinées à fabriquer de l'huile. La Réunion ou île Bourbon, dans l'océan Indien ; elle produit beaucoup de *sucre* et du café.

En Asie les comptoirs de l'Inde, dont le principal est *Pondichéry* ; la Cochinchine française produisant beaucoup de *riz* ; chef-lieu Saïgon.

En Océanie, la Nouvelle-Calédonie, chef-lieu *Nouméa*, et dans l'archipel de la Société, Taïti.

En Amérique, la Guyane française, peu exploitée; chef-lieu *Cayenne*, lieu de déportation ; les îles de la Martinique et de la Guadeloupe dans les Antilles ; elles produisent beaucoup de *sucre* et de *café*. Les îles Saint-Pierre et Miquelon, près du banc de Terre-Neuve où l'on pêche la *morue*; à Saint-Pierre aboutit le câble sous-marin du télégraphe français qui, partant de Brest, traverse tout l'Atlantique.

QUATRIÈME PARTIE.

L'EUROPE.

1° GÉOGRAPHIE PHYSIQUE.

110. Position et étendue. — L'Europe, à l'occident de laquelle est située la France, est la plus petite des trois parties de l'ancien continent dont elle occupe la partie nord-ouest; elle est tout entière comprise dans l'hémisphère boréal.

111. Climats. — L'Europe a un climat bien différent suivant la *latitude*, l'*altitude*, la *proximité de la mer*, etc.; TRÈS-RIGOUREUX au nord, il est TEMPÉRÉ vers la région centrale et CHAUD dans la partie méridionale. Et, à latitude identique, la partie orientale, privée des vents chauds et humides de l'Atlantique, subit des hivers plus rigoureux et des étés plus chauds que la partie occidentale.

112. Limites. — L'Europe est bornée au NORD, par l'*océan Glacial Arctique* et l'*océan Atlantique*; à l'OUEST, par l'*océan Atlantique*; au SUD, par le détroit de *Gibraltar* et la mer *Méditerranée*, qui la séparent de l'Afrique, par l'*Archipel*, le détroit de *Gallipoli* ou des *Dardanelles*, la mer de *Marmara*, le *Bosphore* ou détroit de *Constantinople*, la mer *Noire* et la chaîne du *Caucase* qui la séparent de l'Asie-Mineure; à l'est par la mer *Caspienne*, le fleuve *Oural* et la chaîne des *monts Ourals*, qui la séparent de l'Asie.

113. Les grandes mers. — L'Europe est baignée par trois grandes mers : 1° l'OCÉAN GLACIAL ARCTIQUE; 2° l'OCÉAN ATLANTIQUE, qui baigne l'Europe au nord-ouest et à l'ouest, et dont les eaux sont à une température d'autant plus douce qu'on s'avance plus vers le sud-ouest; 3° enfin la MÉDITERRANÉE, plus chaude que l'Océan. Elle baigne tout le sud de l'Europe, soit directement, soit par les golfes et les mers secondaires qu'elle forme.

114. Mers secondaires et golfes. — *L'océan Glacial* forme la mer BLANCHE, ainsi nommée à cause de l'aspect qu'elle présente quand elle est gelée.

L'océan Atlantique forme 5 mers secondaires : 1° la mer du NORD, peu profonde, mais très-poissonneuse ; 2° la mer BALTIQUE, moins profonde encore que la mer du Nord, et gelée pendant une partie de l'année ; 3° la MANCHE où les marées sont très-violentes ; 4° la mer d'IRLANDE, séparant la Grande-Bretagne de l'Irlande ; 5° le GOLFE DE GASCOGNE, sujet à de fortes marées et à de violentes tempêtes.

La mer *Méditerranée* forme 7 petites mers : la mer TYRRHÉNIENNE ou de Sicile, la mer IONIENNE et la mer ADRIATIQUE qui entourent l'Italie ; l'ARCHIPEL, ainsi nommé parce qu'il est parsemé d'îles et d'archipels ; la mer de MARMARA ; la mer NOIRE, redoutable par ses tempêtes ; la petite mer d'AZOV, si peu profonde que les anciens l'appelaient un marais.

Enfin, il existe une autre mer, la mer CASPIENNE, qui n'a pas de communication apparente avec les Océans ; c'est plutôt un immense lac peu salé, dont le niveau est à plus de 20 mètres au-dessous du niveau de la mer NOIRE.

115. Détroits. — Les mers communiquent entre elles par des détroits ; les principaux détroits d'Europe sont : le SKAGER-RACK, le CATTÉGAT et le SUND entre la *Baltique* et la mer du *Nord* ; 2° le PAS-DE-CALAIS entre la mer du *Nord* et la *Manche* ; 3° le détroit de GIBRALTAR entre l'océan Atlantique et la Méditerranée ; 4° le détroit de MESSINE entre la mer Tyrrhénienne et la mer Méditerranée proprement dite ; 5 le canal d'OTRANTE entre l'Adriatique et la mer Ionienne ; 6° le détroit des DARDANELLES entre l'Archipel et la mer de Marmara ; 7° le détroit de CONSTANTINOPLE ou *Bosphore* entre la mer de Marmara et la mer Noire ; 8° enfin le détroit d'IÉNIKALÉ entre la mer Noire et la mer d'Azov.

116. Les Golfes et les ports. — Les mers creusent dans les terres des *golfes*, des *rades* et des *ports*. Ceux-ci perfectionnés par la main de l'homme servent à abriter les navires marchands ou de guerre. On remarque particulièrement : 1° dans la Baltique, les golfes de BOTHNIE, de FINLANDE au fond duquel est la ville de *Saint-Pétersbourg* (Russie), de RIGA au fond duquel est le *port* de même nom (en Russie), le port de *Stettin* (en Prusse), les ports de *Copenhague* (en Danemark) et de *Stockholm* (en Suède) ; 2° dans la mer du Nord, les ports de *Hambourg* et de *Brême* (en Allemagne), le golfe ensablé du ZUIDERZEE et les ports de *Rotterdam* et d'*Amsterdam* (en Hollande), les ports d'*Anvers* (en Belgique), de LONDRES, de *Newcastle* (en Angleterre) ; 3° dans la Manche, le port du HAVRE ; dans la mer d'Irlande, les ports de LIVERPOOL et de *Glasgow* (en Angleterre) ; 4° dans le golfe de Gascogne, les ports de *Bordeaux* et de *Bayonne* ; 5° dans la

Gravé par E. Morieu, r. Vavin 3, Paris.

EGYPTE
ST PÉTERSBOURG
L. PEIPOUS
L. ILMEN
Riga
DVINA
VOLGA
Kama
Moscou
OURAL
MONTS OURALS
EMPIRE RUSSE
Varsovie
NIÉMEN
VISTULE
DNIESTER
DNIEPER
Kichinew
Odessa
Isthme de Pérékop
CRIMÉE
Astrakan
VOLGA
CAUCASE
MER NOIRE
PEST
BUDA
ROUMÉLIE
BALKAN
Andrinople
CONSTANTINOPLE
ARCHIPEL
Rhodes
Candie
Chypre
MER MÉDITERRANÉE
ÉGYPTE
EUROPE
DRESSÉE PAR
E. LEVASSEUR
Membre de l'Institut.
ÉCHELLE DE 35.000.000
Une longueur de 1 mill.me indique 35 kilom.res

Méditerranée, le port de *Barcelone* (Espagne); le golfe du LION, avec les ports de *Cette* et de MARSEILLE, le golfe de GÈNES, avec le port de même nom (en Italie) ; 6° dans la mer Ionienne, les golfes de TARENTE et de LÉPANTE; 7° dans l'Adriatique, le golfe et le port de VENISE (en Italie) et le port de *Trieste* (Autriche) ; 8° dans le Bosphore, le port de CONSTANTINOPLE (Turquie) ; 9° dans la mer Noire, le port de SÉBASTOPOL (Crimée) et d'ODESSA (en Russie).

117. Iles, presqu'îles, caps. — Les relations commerciales d'un pays sont éminemment favorisées par un facile accès de la mer, c'est-à-dire, par des *ports* : il en résulte que les presqu'îles et les îles sont les pays où le commerce est placé dans les meilleures conditions de prospérité.

Les principales PRESQU'ILES sont : la PÉNINSULE SCANDINAVE formée de la Norvége et de la Suède, entourée par l'océan Glacial, la mer du Nord et la Baltique ; la presqu'île du JUTLAND, en Danemark; les presqu'îles du COTENTIN et de BRETAGNE, en France ; la PÉNINSULE IBÉRIQUE, formée par l'Espagne et le Portugal, et entourée par l'Atlantique et la Méditerranée ; l'ITALIE, entourée par la mer Tyrrhénienne, la mer Ionienne et l'Adriatique ; la TURQUIE et la GRÈCE, entre l'Adriatique, la Méditerranée et l'Archipel ; la MORÉE, en Grèce, rattachée au continent par l'isthme étroit de *Corinthe* ; enfin la CRIMÉE, entre la mer Noire et la mer d'Azov, unie à la Russie par l'*isthme* de *Pérékop*.

Les principales ILES ou groupes d'îles sont : dans l'océan Glacial, le SPITZBERG et la NOUVELLE-ZEMBLE ; dans l'Atlantique, l'ISLANDE, avec ses glaciers, ses volcans, ses *geysers* (1); les îles FÉROË peu habitées, et l'archipel BRITANNIQUE comprenant les grandes îles de Grande-Bretagne (Angleterre et Écosse) et d'Irlande ; dans la Baltique, l'ARCHIPEL DANOIS, dont la principale île est *Seeland*, située entre le Jutland et la péninsule Scandinave, et celui d'*Aland*, entre la Suède et la Russie ; dans la Méditerranée, l'archipel des BALÉARES, les grandes îles de CORSE, de SARDAIGNE, de SICILE, les îles de *Malte* et l'île de *Chypre* ; dans la mer Ionienne, les îles de même nom, appartenant à la Grèce , enfin les *Cyclades*, *Négrepont*, CANDIE, dans l'Archipel.

Les principaux CAPS d'Europe sont : le cap NORD, au nord de la presqu'île Scandinave; le cap LAND'S END, au sud-ouest de l'Angleterre; le cap de la HAGUE, en France ; le cap FINISTÈRE au nord-ouest, le cap TRAFALGAR, au sud de l'Espagne ; le cap SPARTIVENTO, au sud de l'Italie; le cap MATAPAN, au sud de la Morée.

---

(1) GEYSERS. On appelle ainsi des sources d'eau chaude jaillissant à une grande hauteur.

LES MONTAGNES D'EUROPE.

118. Division. — Nous diviserons les montagnes d'Europe en trois catégories : 1° Celles qui forment la *grande ligne de partage entre les eaux* qui coulent vers les deux *Océans* et leurs mers secondaires et celles qui se rendent à la *Méditerranée*, à ses mers secondaires et à la mer *Caspienne*; 2° Les *ramifications* de la ligne de partage des eaux; 3° Les chaînes isolées.

119. Description de la ligne de partage des eaux. — La ligne générale de partage des eaux, formée tantôt de *hautes montagnes*, comme les *Alpes*, tantôt de *collines*, comme dans la *trouée de Belfort*, tantôt de *plateaux*, comme le plateau de *Langres*, et même de *plaines* don le relief est à peine sensible, comme en Russie, part du cap Tarifa traverse toute l'Europe du sud-ouest au nord-est et comprend successivement : la SIERRA NÉVADA, ou chaîne neigeuse ; les monts IBÉRIQUES, les PYRÉNÉES ; les CÉVENNES, la CÔTE-D'OR, le PLATEAU de LANGRES, les FAUCILLES, le JURA ; le massif des ALPES, dont la partie la plus considérable couvre la Suisse, le nord de l'Italie et le Tyrol autrichien et qui renferme dans sa partie helvétique (1) et tyrolienne les *glaciers* qui donnent naissance à nos grands fleuves ; les monts de la FORÊT-NOIRE, ainsi appelés à cause du feuillage vert sombre des *sapins* qui les couvrent ; le *Jura de Souabe* et de *Franconie*, peu élevé mais très-sauvage dans certaines parties ; les monts de *Bohême*, présentant des pics de 1,500 mètres ; la chaîne des KARPATHES, le *plateau de* VALDAÏ, plateau qui, malgré son peu de hauteur, est, avec le massif des Alpes. le plus grand réservoir des eaux de l'Europe et le *plateau* d'UVALLI ; à l'est, l'OURAL, qui contient les plus riches mines de l'Europe en *er* et en *platine*.

120. Ramifications. — De cette arête des montagnes d'Europe se détachent : 1° en Espagne. de l'est à l'ouest. la sierra MORENA (ou montagne noire), la sierra d'ESTRELLA, etc.; 2° en France, les ramifications décrites § 32, page 18 ; 3° vers le sud, les Alpes projettent la longue chaîne des APENNINS, qui parcourt toute la longueur de l'Italie, qui contient de belles carrières de *marbres blancs*, des forêts de *chênes*, et qui renferme un volcan, le *Vésuve ;* vers l'est, les Karpathes se continuent par la chaîne des BALKANS et par celle du PINDE, avec de vastes *forêts* et de beaux *pâturages*.

Enfin citons parmi les chaînes éloignées de la ligne de partage des eaux : au nord, entre la Norvége et la Suède, les ALPES SCANDINAVES, dont les plus hauts pics ne dépassent

____

(1) Autrefois la Suisse s'appelait Helvétie.

pas 2,500 mètres, renfermant les plus riches mines de *fer* et de *cuivre* de l'Europe, et des forêts de *chênes* et de *sapins* excellents pour la construction des navires ; au *sud-est*, le CAUCASE (dont un pic, l'*Elbrouz*, dépasse 5,600 mètres) renfermant, comme les Alpes qu'il surpasse en élévation, des neiges éternelles, des *forêts* et des *pâturages* ; au *nord-ouest*, les monts du PAYS DE GALLES et les *Grampians* dans la Grande-Bretagne ; enfin les volcans l'*Hécla*, en Islande, et l'*Etna*, en Sicile.

LES FLEUVES ET LES LACS D'EUROPE.

121. Versants-Bassins. — Par la ligne de partage des eaux l'Europe est divisée en deux grands VERSANTS : celui de l'*Océan* et celui de la *Méditerranée* et de la mer *Caspienne*. Chaque versant, à son tour, est divisé en *bassins maritimes* envoyant leurs eaux aux mers secondaires, et chaque bassin maritime est divisé lui-même en bassins *fluviaux*.

122. Fleuves et lacs du versant de l'Océan. — Dans le bassin de l'océan Atlantique, descendent des monts Ibériques : le *Guadalquivir*, la *Guadiana*, le *Tage* et le *Douro*, en Espagne ; en France, la *Garonne* descend des Pyrénées ; la *Loire*, des Cévennes.

2º Dans le bassin de la Manche coule la *Seine*, venant de la Côte-d'Or.

3º Dans le bassin de la mer du Nord, coulent l'*Escaut* et la *Meuse*, venant de France ; le *Weser* et l'*Elbe*, sortis des montagnes de l'Allemagne centrale, et le RHIN, qui prend sa source au Saint-Gothard dans les Alpes, à une hauteur de 2,000 mètres. Ce dernier fleuve coule du sud au nord, parcourt parfois des vallées très-profondes et traverse le lac de *Constance*. Plus loin, près de Schaffouse, il tombe brusquement d'une grande hauteur : c'est la chute du Rhin ; puis il reçoit l'*Aar*, déversoir des lacs de *Thun*, de *Zurich*, des *Quatre-Cantons*, de *Neuchâtel*, situés en Suisse ; ensuite il reçoit l'*Ill* et la *Moselle*, et va se jeter par plusieurs bras dans la mer du Nord.

4º Dans le bassin de la Baltique, se trouvent en Prusse et en Russie, l'*Oder*, la *Vistule*, le *Niémen*, la *Dvina*, et la *Néva* qui est en quelque sorte le canal d'écoulement des lacs *Ilmen*, *Onéga* et LADOGA, ce dernier le plus vaste de l'Europe ; en Suède, descendent des Alpes scandinaves, des fleuves sans importance qui, dans le nord, ont presque tous à leur source des lacs étroits et allongés ; vers le sud, les lacs deviennent plus larges ; ce sont les lacs *Wenern*, *Wettern*, et *Malar*.

5º Dans le bassin de l'océan Glacial, le *Petchora* et la *Dvina* descendent des monts Ourals et du plateau d'Uvalli et sont gelées pendant plusieurs mois de l'année.

123. Fleuves et lacs du versant de la Méditerranée — 1º Dans le bassin de la Méditerranée, coulent : l'*Ebre* en Espagne, le *Rhône* en France, le *Tibre* en Italie.

2º L'Adriatique reçoit le *Pô*, qui prend sa source dans les Alpes et dont l'un des affluents, le Tessin, forme le lac *Majeur*.

3º Dans la mer Noire se jettent : le DANUBE, le plus grand fleuve de l'Europe centrale, venant de la Forêt-Noire et ayant dans son bassin le lac *Balaton* ou *Platten-see* en Autriche; le *Dniester* et le *Dnieper*, naissant dans les hautes plaines situées entre les Karpathes et le plateau de Valdaï.

4º La mer d'Azov reçoit le *Don*, fleuve considérable.

5º Dans le bassin de la mer Caspienne coule le VOLGA, le plus grand fleuve de l'Europe (3,700 kilomètres), qui naît au plateau de Valdaï, et l'*Oural*, qui limite l'Europe et l'Asie.

124. Fleuves des îles. — Les fleuves des îles sont peu importants; le plus considérable est la *Tamise*, qui arrose le sud de la Grande-Bretagne et tombe dans la mer du Nord.

125. RÉSUMÉ DE LA GÉOGRAPHIE PHYSIQUE.

— Les limites de l'Europe sont : au nord, l'océan GLACIAL qui forme la mer *Blanche;* à l'ouest, l'océan ATLANTIQUE et ses mers secondaires : *Baltique*, mer du *Nord*, *Manche* et *golfe de Gascogne*; au sud, la MÉDITERRANÉE avec ses mers secondaires : mer *Tyrrhénienne*, *Ionienne*, *Adriatique*, l'*Archipel*, la mer de *Marmara*, la mer *Noire*, la mer d'*Azov*, la *chaîne du Caucase*; à l'est, la mer *Caspienne*, le *fleuve Oural* et les *monts Ourals*.

Les principaux détroits qui unissent les mers sont : le *Sund*, le *Pas-de-Calais*, le détroit de *Gibraltar*, les *Dardanelles* et le *Bosphore*.

Les îles principales sont : l'*Islande*, les îles *Britanniques*, la *Corse*, la *Sardaigne*, la *Sicile*, *Malte*, les îles *Ioniennes*, *Candie*, les îles de l'*Archipel* et l'île de *Chypre*. — Les presqu'îles sont : la *péninsule Scandinave*, le *Jutland*, le *Cotentin* et la *Bretagne;* la presqu'île *Ibérique*, l'*Italie*, la *Turquie*, la *Grèce* et la *Morée*, et la *Crimée*.

Les principaux caps sont les caps : *Nord*, *Land's End*, de la *Hague*, *Trafalgar* et *Matapan*.

4.

Les montagnes formant la ligne de partage des eaux sont : la *Sierra Nevada*, les monts *Ibériques*, les *Pyrénées*, les *Cévennes*, la *Côte-d'Or*, le plateau de *Langres*, les *Faucilles*, le *Jura*, les *Alpes*, le *Jura de Souabe* et de *Franconie*, les monts de *Bohême*, les *Karpathes*, le *plateau de Valdaï*, celui d'*Uvalli* et les monts *Ourals*. — Les ramifications principales sont : la *Sierra Morena*, les ramifications françaises, les *Apennins* et les *Balkans*. — Les autres chaînes sont : le *Caucase*, les *Alpes Scandinaves*, les monts du *Pays de Galles*, les *Grampians* en Ecosse.

Les trois principaux volcans sont : le *Vésuve*, en Italie ; l'*Etna* en Sicile ; et l'*Hécla*, en Islande.

Les fleuves principaux sont : le *Tage*, la *Garonne*, la *Loire*, la *Seine*, l'*Escaut*, la *Meuse*, le *Rhin*, le *Weser*, l'*Elbe*, l'*Oder*, la *Vistule* et la *Néva* ; l'*Ebre*, le *Rhône*, le *Pô*, le *Danube*, le *Dniester*, le *Dnieper*, le *Don*, le *Volga*, l'*Oural* et la *Tamise*. — Les lacs remarquables sont : les lacs de *Genève*, de *Thun*, de *Zurich*, des *Quatre-Cantons*, de *Neuchâtel* et de *Constance* ; le lac *Majeur* ; les lacs *Ilmen*, *Onéga* et *Ladoga* ; les lacs *Wenern*, *Wettern* et *Mœlar* ; le lac *Balaton* ou *Platen-see*.

DEVOIR

Sur une carte muette, faites le tracé des montagnes, des fleuves, des lacs....... en un mot, de tous les accidents cités dans la géographie physique et placez-y les noms correspondants.

2° GÉOGRAPHIE POLITIQUE.

126. Divisions. — L'Europe, peuplée d'environ 310 millions d'habitants, est aujourd'hui (1881) divisée en dix-huit Etats principaux : la *France*, les *Iles Britanniques*, la *Belgique*, la *Hollande* ; la *Suisse*, l'*Autriche-Hongrie*, l'*Empire Allemand* ; le *Danemark*, la *Suède* et la *Norvège* ; la *Russie*, la *Roumanie*, la *Servie*, le *Monténégro*, la *Turquie*, la *Grèce* ; l'*Italie*, l'*Espagne* et le *Portugal*.

DESCRIPTION DES CONTRÉES.

127. — Quatre contrées sont situées au nord-ouest, savoir:

1° **France** (voir la description spéciale, page 11.

2° **Iles Britanniques.** — Les Iles Britanniques, ou *royaume uni de Grande-Bretagne et d'Irlande* (34.000,000 h.), comprenant : 1° l'ANGLETERRE, capitale *Londres*, ville de 3,317,000 habitants, capitale de tout le royaume-uni ; 2° l'ÉCOSSE, capitale *Édimbourg*; 3° l'IRLANDE, capitale *Dublin*.

Ce royaume est le plus important de l'Europe par son industrie et son commerce, grâce aux productions de son sol ; la *houille* et le *fer* surtout y abondent et y ont développé les fabrications des *armes*, des *machines à vapeur*, des outils de toute sorte, à BIRMINGHAM particulièrement.

Les deux plus grands ports pour le commerce sont : LONDRES sur la Tamise et LIVERPOOL sur la Mersey, pouvant recevoir dans leurs docks les plus gros navires qui y apportent surtout la laine et le coton. Ces ports alimentent MANCHESTER et *Glasgow*, villes célèbres par la fabrication des étoffes de coton.

3° **Belgique.** — La Belgique (5,500,000 h.) a pour capitale BRUXELLES (171,000 h.), grande et belle ville.

Comme l'Angleterre, ce pays renferme des mines de *houille* et de *fer* ; aussi l'industrie y est très-active : on fait des *armes* à *Liége* ; *Gand* fabrique des étoffes de coton et *Anvers* est le principal port du royaume.

4° **Hollande.** — La Hollande (4,037,000 h.) a pour capitale LA HAYE, résidence du gouvernement; mais AMSTERDAM (316,000 h.), est la vraie capitale par son importance et son commerce.

Le sol de ce pays, moins fertile que celui de la Belgique, est en outre, dans quelques endroits, au-dessous du niveau de la mer contre laquelle on le défend par des *digues* : de là, le nom de PAYS BAS, que porte aussi ce royaume. — Son principal port de commerce est *Rotterdam*, sur la rive droite de la Meuse ; son commerce consiste en *épices, métaux précieux* et autres produits de ses colonies d'Océanie.

128. — Trois États sont situés au centre :

1° **Suisse.** — La Suisse (2,808,000 h.), ou *Confédération helvétique*, a pour capitale BERNE (36,000 h.).

Ce pays est peu fertile ; couvert en partie de lacs, de glaciers et de neiges éternelles, il ne présente guère à ses habitants que la ressource d'élever du *bétail*, et d'exploiter les *forêts* On travaille l'*horlogerie* dans les cantons de l'ouest, principalement à la *Chaux-de-Fonds* et à GENÈVE (47,000 h.), la ville la plus riche et la plus peuplée de la Confédération.

2° Autriche-Hongrie. — L'Autriche - Hongrie (38,000,000 h.) a pour capitale VIENNE (632,000 h.), sur le Danube. V. P. : *Pesth* (202,000 h.), sur la rive gauche du Danube ; *Bude* ou *Ofen*, capitale de la Hongrie. *Prague*, capitale de la Bohème et *Trieste*, grand port sur l'Adriatique.

A l'ouest, l'Autriche possède des *forêts*, des *pâturages*, des *bestiaux*, d'abondantes mines de *fer*, quelques mines de *houille* et par suite une *industrie métallurgique* développée. — A l'est, on rencontre particulièrement la vaste plaine de la Hongrie riche en *blés*, en *vins*, en *troupeaux* (*bœufs, chevaux, moutons*) et en fabriques de *sucre* et d'*alcool*.

3° Empire d'Allemagne. — L'Allemagne (42,727,000 h.), gouvernée par le roi de *Prusse*, qui porte le titre d'*empereur d'Allemagne*, est une confédération de 26 Etats ; capitale BERLIN (1,049000 h.), le plus grand centre industriel de la Prusse. V. P.: *Dresde*, cap. de la *Saxe*; *Munich*, cap. de la *Bavière*; *Stuttgard*, cap. du *Wurtemberg* ; *Hambourg*, le grand port de commerce de l'empire.

Le 26ᵉ Etat de l'empire allemand est l'ALSACE-LORRAINE, enlevée à la France en 1871; V. P. *Strasbourg*, sur le Rhin et *Metz*, sur la Moselle, places fortes ; *Mulhouse*, ville industrielle, renommée pour ses toiles de coton peintes et imprimées.

129. — Deux Etats sont situés au nord :

1° Danemark. — Le royaume de Danemark (1,969,000 h.), comprenant l'*Islande*, a pour capitale COPENHAGUE (235.000 h.), dans l'île de Seeland. Ce pays, composé de plaines fertiles, produit des *céréales* et nourrit surtout des *bœufs* et des *chevaux*.

2° Suède et Norvége. — LA SUÈDE (4,578,000 h.), capitale STOCKHOLM (173,000 h.), sur la Baltique, et la Norvége (1,806,000 h.), capitale CHRISTIANIA (76,000 h.), sur la mer du Nord, quoique gouvernées par un même souverain, ont une administration entièrement distincte.

Le sol de ces contrées est peu fertile, à cause de la rigueur du climat ; mais elles possedent de grandes pêcheries, de riches mines de fer, de cuivre, d'argent et d'immenses forêts de sapins et de chênes.

130. — Un Etat est situé à l'est :

Russie. — La *Russie* d'Europe (74,500,000 h.), dont la superficie est plus de la *moitié* de la superficie de l'*Europe entière*, et plus de 20 fois celle de la France, a pour capitale SAINT-PÉTERSBOURG (667,000), sur la Néva, bâtie par le czar Pierre le Grand. V. P. *Moscou* (612,000 h.), où les Français pénétrèrent en 1812, après la victoire de la Moskowa ; *Varsovie*, capitale de l'ancienne Pologne ; *Odessa*, grand port pour le commerce des céréales sur la mer Noire.

Ce pays, qui forme une vaste plaine, produit : au nord,

des *pelleteries*, des *forêts* immenses ; à l'ouest, des *lins* et des *chanvres* ; au centre, dans les plaines fertiles appelées TER-REAU NOIR, des *céréales* ; au sud, d'innombrables troupeaux de *bœufs*, de *chevaux* et de *moutons*, dans les *steppes* ou plaines dépourvues de grands arbres, mais couvertes en été de beaux pâturages. Enfin la région de l'Oural abonde en mines de *fer*, de *cuivre*, de *platine* etc.

131. — Cinq Etats sont situés au sud-est :

1° **Turquie.** — La Turquie d'Europe (9,000,000 h.) a pour capitale CONSTANTINOPLE (600,000 h.), sur le Bos-phore, dans une admirable position ; son port appelé *Corne d'Or*, est, après Londres, celui qui reçoit annuellement le plus de navires. Outre les provinces qui lui sont directement soumises, l'empire Ottoman renferme une principauté *tributaire*, la BULGARIE capitale *Sofia*.

Ce pays, pourvu d'admirables ressources, *sol fertile, forêts, mines*, est paralysé par l'ignorance des populations, la mauvaise administration du gouvernement et le manque de voies de communication.

2° 3° 4°. Les trois principautés aujourd'hui indépendantes : de ROUMANIE (5,376,000 h.) cap. *Bukarest*, de SERVIE (1,582,000 h. cap *Belgrade*, le Monténégro, cap. *Cettigné*.

5° **Grèce.** Le royaume de *Grèce* (1,680,000 h.) a pour capitale ATHÈNES (68,000 h.), ville illustre de l'antiquité, avec le port du *Pirée* sur l'Archipel.

L'agriculture de ce pays est peu avancée, le commerce maritime assez actif et l'industrie presque nulle; on y exploite les magnifiques marbres blancs de *Paros*.

132. — Trois Etats sont situés au sud :

1° **Italie.** — Le royaume d'Italie (28,200,000 h.), comprenant actuellement tous les Etats de la Péninsule, avec les îles de Sicile et de Sardaigne, a pour capitale ROME (244,000 h.), sur le Tibre, résidence du pape et du roi ; riche en ruines et en monuments de toutes les époques. V. P. : VENISE, sur l'Adriatique, autrefois république maritime florissante ; GÊNES, ancienne république maritime, rivale de Venise, patrie de Christophe Colomb qui découvrit l'Amérique ; NAPLES, près du Vésuve, ancienne cap du royaume des Deux-Siciles ; *Turin, Milan, Florence, Palerme*, etc.

Ce pays présente au nord la plaine de la Lombardie, arrosée par le Pô, fertile en *céréales*, en *riz*, en *fruits*, en mûriers nourrissant le *ver à soie* ; le centre a des mines de *plomb*, de *fer*, de *cuivre*, des carrières de *marbre* ; le sud est moins bien cultivé, on y récolte des raisins et on y extrait du *soufre*. Il n'y a guère d'industrie que dans le nord, où l'on travaille le *coton*, la *laine*, le *chanvre*, où l'on tresse la *paille*, etc.

2° **Espagne.** — L'Espagne (16,500,000 h.), cap. MADRID (397,000 h.); V. P. : *Barcelone*, sur la Méditerranée, le principal port d'Espagne, fabriques de lainages ; *Cadix*, principal port sur l'Océan ; *Séville*, sur le Guadalquivir et dans les belles plaines de l'Andalousie ; au sud de l'Espagne est le *Rocher de Gibraltar*, place forte commandant le détroit de même nom et appartenant aux Anglais.

Ce pays, souvent en proie aux guerres intestines, est peu productif, malgré la fertilité de ses plaines et l'existence de nombreuses mines (*fer, plomb, mercure, cuivre*). Il exporte principalement des *vins* (Malaga, Xérés, etc.), des *huiles d'olive*, des *oranges*, des *citrons*

Portugal. — Le Portugal (4,745,000 h.), cap. LISBONNE (233,000 h.) à l'embouchure du Tage, un des meilleurs ports de l'Europe.

Le sol fertile et montagneux a les mêmes productions que celui de l'Espagne.

133. Religion des peuples européens. — Presque tous les peuples de l'Europe sont chrétiens, et se divisent en *catholiques, protestants* et *schismatiques grecs*. 1º Le CATHOLICISME reconnaît le PAPE comme chef suprême de la religion ; il est pratiqué surtout en *France*, en *Italie*, en *Portugal*, en *Belgique*, en *Irlande*, dans l'*Allemagne du sud* et en *Autriche*. 2º Le PROTESTANTISME, séparé de l'Eglise romaine, est professé dans l'*Allemagne du nord*, la plus grande partie de la *Suisse*, la *Hollande*, l'*Angleterre*, l'*Écosse*, le *Danemark*, la *Suède* et la *Norvége*. 3º La RELIGION GRECQUE, séparée aussi de Rome, est suivie en *Grèce* et dans la plus grande partie des empires *Russe* et *Ottoman*.

On trouve encore deux autres religions différentes du christianisme : 1º le MAHOMETISME, ou religion de Mahomet, appelée aussi *Islamisme* et pratiquée par les *Turcs* proprement dits ; ses sectateurs se nomment *Musulmans*; 2º le JUDAÏSME ou religion de Moïse, observée par les Juifs dispersés dans tous les pays d'Europe.

134. Gouvernement. — Les Etats diffèrent entre eux non-seulement par leur religion, mais aussi par la forme de leur gouvernement : *deux* sont aujourd'hui des RÉPUBLIQUES, (voir note 2, page 26) ; ce sont : la *France* et la *Suisse*. Les autres contrées sont des MONARCHIES, Etats gouvernés par un roi, un empereur, un prince, qui reçoit le pouvoir comme droit d'héritage et le transmet lui-même à ses descendants.

135. RÉSUMÉ DE LA GÉOGRAPHIE POLITIQUE. — L'Europe est la plus petite, mais la plus importante et relativement la plus peuplée des cinq parties du monde, elle se divise en dix-huit États : ceux de l'ouest, FRANCE, ANGLETERRE, *Belgique* et *Hollande* ; ceux du CENTRE, *Suisse*, AUTRICHE-HONGRIE et EMPIRE ALLEMAND, confédération de vingt-six États dont le principal est la PRUSSE ; ceux du NORD, *Danemark*, *Suède* et *Norvége* ; ceux de l'EST, RUSSIE, *Roumanie*, *Servie*, *Monténégro*, *Turquie* et *Grèce* ; ceux du SUD, ITALIE, *Espagne* et *Portugal*.

La France et la Suisse sont des *républiques* ; les autres États sont des *monarchies*.

CINQUIÈME PARTIE.

ABRÉGÉ
DE
LA TERRE MOINS L'EUROPE.

1° L'AFRIQUE.

136. Position, climat, limites, mers et golfes. — L'Afrique, trois fois plus grande que l'Europe, est située au sud-ouest de l'ancien continent, auquel la joint l'isthme de Suez ; traversée par l'équateur, elle est en partie située dans la zone *torride*; coupée en outre par les deux tropiques, elle appartient par le nord et le sud aux deux zones *tempérées*. Elle est d'ailleurs bornée au nord par le *détroit de Gibraltar* et la MÉDITERRANÉE; à l'est par l'isthme de *Suez*, la mer *Rouge*, le détroit de *Bab-el-Mandeb* et l'OCÉAN INDIEN ; à l'ouest par l'OCÉAN ATLANTIQUE, creusant dans la côte le *golfe de Guinée*. Ces deux derniers océans se confondent au sud autour du *cap de Bonne-Espérance*, extrémité méridionale de l'Afrique.

137. Montagnes et fleuves. — L'Afrique est encore très-imparfaitement connue ; à l'intérieur, dans la zone torride, de vastes régions sont même encore inexplorées; aussi ne peut-on rien dire de précis sur le relief de la région centrale. Les principales chaînes de montagnes connues sont: l'ATLAS, le long de la Méditerranée, les monts d'ABYSSINIE, près de la mer Rouge, et de SÉNÉGAMBIE, près de l'océan Atlantique.

Les principaux fleuves sont : le *Nil*, le *Congo*, le *Niger* et le *Zambèze* : Le NIL sort des lacs situés sous l'équateur, fertilise l'Egypte par ses débordements et se jette dans la Méditerranée. — Le *Congo* exploré par Stanley, sort de lacs au s. de l'équateur, et se jette dans l'Atlantique — Le NIGER se jette dans le golfe de Guinée. — Le ZAMBÈZE, parcouru presque tout entier par Livingstone, se rend à l'océan Indien.

138. Les Etats. — L'Afrique est, sous le rapport politique, la moins importante des cinq parties du monde, à cause de la barbarie de ses habitants Les principaux Etats sont :

1° L'EGYPTE, tributaire de l'empire Ottoman. C'est un pays célèbre depuis la plus haute antiquité par le blé que produit son sol fertile ; aujourd'hui on y cultive aussi le coton. Capitale LE CAIRE, sur le Nil; ville principale *Alexandrie*, sur la Méditerranée, le principal centre du commerce avec l'Europe. L'*isthme de Suez*, qui reliait l'Afrique à l'Asie, *a été coupé par un canal qu'y a creusé un Français,* M. DE LESSEPS, *pour joindre la Méditerranée à la mer Rouge* et abréger le chemin entre l'Europe et les Indes; il a deux ports: *Suez* sur la mer Rouge et *Port-Saïd* sur la Méditerranée.

2° Au nord-ouest, l'ALGÉRIE, et à l'ouest, le *Sénégal*, colonies françaises.

3° Au sud, la colonie du CAP aux Anglais ; capitale : LE CAP, grand commerce de laines.

4₀ A l'est, près de la grande île de *Madagascar*, qui est indépendante, l'île MAURICE aux Anglais ; la RÉUNION ou Bourbon, à la France, exportation de sucre et de café.

5° Citons encore, au centre, le *Sahara* ou grand désert, parsemé d'oasis, c'est-à-dire d'espaces fertiles, et de grands lacs sans écoulement connu vers la mer ; et dans l'océan Atlantique, l'île *Sainte-Hélène*, possession anglaise, où mourut Napoléon Ier.

2° L'ASIE.

139. Position, climat. — L'Asie, près de quatre fois et demi plus grande que l'*Europe*, est située à l'est de l'ancien continent, tout entière dans l'hémisphère septentrional, et dans les trois zones *torride, tempérée* et *glaciale* ; le climat est d'autant plus froid, la différence entre la température de l'hiver et celle de l'été d'autant plus grande que de l'ouest et de l'est on s'avance davantage vers la région centrale.

140. Limites, mers, golfes, détroits. — L'Asie est bornée : au nord, par l'OCÉAN GLACIAL; à l'est, par le détroit de *Behring*, qui la sépare de l'*Amérique* et par l'OCÉAN PACIFIQUE ; au sud, par le détroit de *Malacca* et l'OCÉAN INDIEN ; à l'ouest, par le détroit de *Bab-el-Mandeb*, la mer *Rouge*, l'*isthme de Suez*, la *Méditerranée*, l'*Archipel*, la mer de

Marmara, la mer *Noire*, le *Caucase*, la mer *Caspienne*, le *fleuve Oural* et les monts *Ourals*. Le Grand Océan forme les mers de *Behring*, d'*Okhotsk*, du *Japon* et de la *Chine*. L'océan Indien forme deux mers secondaires, la *mer d'Oman* et le *golfe du Bengale*, qui baignent trois vastes presqu'îles : l'*Arabie*, entre la *mer Rouge* et le *golfe Persique* tous deux formés par la mer d'Oman, l'*Inde* et l'*Indo-Chine*.

141. Montagnes, lacs et fleuves. — L'Asie offre, au sud, deux plateaux montagneux formant chacun une des péninsules méridionales, et la gigantesque chaîne de l'HIMALAYA où se trouve le mont *Everest* ou *Gaurisankar*, la plus *haute cime* jusqu'à présent connue sur le globe (8,840 mètres); au centre, le PLATEAU CENTRAL, que limitent au nord les *monts Célestes* et les *monts Altaï* riches en mines d'or, d'argent, de fer et de cuivre, et qui renferme le plateau du *Thibet*, renommé par le fin duvet de ses chèvres ; à l'ouest, les plateaux de la *Perse* et de la *Turquie d'Asie*.

Au nord sont les plaines basses de la Sibérie qui n'ont pas 300 mètres d'altitude ; à l'ouest les dépressions ou enfoncements du lac *Aral*, de la *Caspienne* et de la mer *Morte*, qui ne communiquent pas avec les mers extérieures. L'Aral et la Caspienne sont de 15 à 27 mètres au-dessous du niveau de la mer Noire ; quant à la *mer Morte*, si célèbre dans l'Ecriture sainte, il a été reconnu qu'elle est de 400 mètres au-dessous du niveau de la Méditerranée, dont elle est cependant si voisine.

La grande masse montagneuse de l'Asie envoie des fleuves dans toutes les directions : au nord dans l'océan Glacial, l'*Obi*, l'*Ienisséi* et la *Léna* sortis de la haute chaîne de l'Altaï; à l'est, dans le Pacifique, l'*Amour* et les deux grands fleuves de Chine, le FLEUVE JAUNE et le FLEUVE BLEU, enfin le CAMBODGE dont le cours presque inconnu a été exploré par une expédition française que conduisaient MM. de Lagrée et Garnier ; au sud, dans l'océan Indien, le GANGE et l'INDUS qui arrosent l'Inde, le *Chat-el-Arab* qui tombe dans le golfe Persique et qui est formé de deux fleuves célèbres, le *Tigre* et l'*Euphrate*. A l'ouest, les fleuves sont moins importants ; le plus connu est le *Jourdain* qui se perd dans la mer Morte.

142. Les États, les possessions coloniales. — Les Etats importants d'Asie sont : la CHINE, le JAPON, les royaumes de Siam, d'Annam et l'empire des Birmans, la PERSE et l'empire Ottoman dont une partie est en Europe. Sous le rapport politique, la moitié de l'Asie est occupée par des colonies européennes, et les puissances de l'Europe exercent sur l'autre moitié une influence prépondérante.

Ainsi la Russie possède l'immense SIBÉRIE, aussi vaste que l'Europe et agrandie encore récemment au sud-ouest et au sud-est aux dépens de la Chine, et les *provinces Transcaucasiennes* ; villes principales : *Tobolsk* dans la Sibérie propre, et *Tiflis* **au sud du Caucase.** Par ces possessions la Russie domine les deux principales puissances de l'Asie occidentale : la PERSE, capitale TÉHÉRAN; et la TURQUIE D'ASIE, villes principales *Smyrne, Damas* et *Jérusalem.*

Les Anglais sont maîtres du sud de l'Asie. Comme en Europe et en Afrique, ils y ont occupé tous les points importants au passage des détroits ou à l'extrémité des continents : ainsi, dans l'Arabie, ils ont *Aden*, entre la mer Rouge et la mer d'Oman ; l'immense presqu'île de l'INDE avec l'île de *Ceylan* au sud leur appartient ; ils y règnent sur environ 240 millions de sujets ou de tributaires ; capitale CALCUTTA, ville principale *Bombay*. Au sud de l'Indo-Chine, ils possèdent SINGAPOUR dans le détroit de Malacca, entre l'océan Indien et le Pacifique, entre les deux contrées les plus importantes de l'Asie, l'Inde et la Chine. La CHINE *forme l'empire le plus vaste et le plus peuplé du globe* (plus de 400 millions d'habitants): capitale PÉKIN où les armées française et anglaise ont pénétré en 1860 ; ville principale *Shang-haï*, le plus grand port de commerce de ce pays pour le thé, la soie, le coton. Au sud de la Chine, les Anglais se sont fait céder l'île de *Hong-kong*, le centre commercial le plus considérable après Shang-haï.

La France n'a de colonie importante que la COCHINCHINE FRANÇAISE, chef-lieu *Saïgon*. Enfin, à l'est de la Chine, est le seul État de l'Asie vraiment en dehors des influences européennes : l'EMPIRE DU JAPON tout formé d'îles ; capitale YEDDO ou *Toxio*, ville principale *Yokohama*, le principal des ports ouverts au commerce européen.

3° L'AMÉRIQUE.

143. Étendue et climat. — L'Amérique ou Nouveau-Monde, près de 4 fois aussi grande que l'Europe, se compose de deux parties à peu près égales: l'*Amérique du Nord* et l'*Amérique du Sud*, réunies par l'*isthme de Panama*. Ce vaste continent, en s'allongeant du nord au sud, de la zone glaciale du nord presque jusqu'à la zone glaciale du sud, jouit des climats les plus divers.

1° AMÉRIQUE DU NORD.

144. Limites, mers, golfes, détroits.—L'Amérique du Nord est bornée au nord par l'OCÉAN GLACIAL qui creuse la *baie d'Hudson* ; à l'ouest, par le détroit de *Behring* et l'OCÉAN PACIFIQUE avec le golfe de *Californie*; à l'est, par l'OCÉAN ATLANTIQUE ; au sud-est, par le *golfe du Mexique* et la *mer des Antilles*, qui pénètrent profondément dans les terres et qui renferment un grand groupe d'îles, les *Antilles*.

145. Montagnes, plateaux plaines, lacs. —

L'Amérique du Nord est parcourue du nord au sud par une chaîne de montagnes, voisine de l'océan Pacifique, nommée *montagnes Rocheuses* ; à l'est, se trouvent les monts Appalaches, composés de plusieurs chaînes parallèles; au sud-ouest, le *plateau du Mexique* ; au pied de ces montagnes s'étendent les *plaines* de l'*océan Glacial* et de la *baie d'Hudson*, la *grande plaine* fertile du *Mississipi* ; au nord-ouest des Appalaches, est la région des CINQ GRANDS LACS : lacs *Supérieur, Michigan, Huron, Erié* et *Ontario*, formant la plus grande étendue d'eau douce qui soit sur le globe.

146. Fleuves. —

Les cinq grands lacs communiquent entre eux par des cours d'eau, dont l'un, le NIAGARA, (entre les lacs Erié et Ontario), tombe avec fracas d'une hauteur de 50 mètres sur une largeur de 870 mètres ; ces lacs ont pour débouché dans la mer le fleuve SAINT-LAURENT. Entre les Appalaches et les Rocheuses, coule le MISSISSIPI, l'un des plus grands fleuves du monde ; il reçoit deux rivières considérables, le *Missouri* et l'*Ohio*, arrose la Nouvelle-Orléans, et se jette dans le golfe du Mexique par un vaste delta ; les autres fleuves (*rio Bravo, rio Colorado, Mackensie*), sont moins importants.

147. Les États. —

Les principaux Etats de l'Amérique du Nord sont : la RÉPUBLIQUE des ÉTATS-UNIS (45.000 000 h.), dont le territoire est *aussi étendu que l'Europe* ; capitale, WASHINGTON ; villes principales : *New-York* (1,000,000 h.), capitale commerciale de l'Union, un des plus grands ports du monde, en rapport avec l'intérieur du pays par de nombreux chemins de fer et par les grands lacs, auxquels la ville est reliée par un cours d'eau (l'Hudson) ; la *Nouvelle-Orléans*, fondée par des Français, grand commerce de coton et de sucre ; *San-Francisco*, près des riches mines de la Californie, relié à New-York par un chemin de fer ; *Boston, Philadelphie, Baltimore*, grands ports de commerce.

Au sud des Etats-Unis. se trouvent la RÉPUBLIQUE DU MEXIQUE, riche en mines d'argent, capitale *Mexico*, et les petits ETATS DE L'AMÉRIQUE CENTRALE.

148. Possessions coloniales. —

Découverte en 1492 par Christophe Colomb, alors au service de l'Espagne, l'Amérique fut pendant plus de trois siècles partagée entre les Espagnols, les Portugais, les Français et les Anglais. Aujourd'hui, ces peuples ont perdu presque toutes leurs possessions ; cependant l'Angleterre possède encore au nord du Saint-Laurent, la grande île de *Terre-Neuve* et des provinces qui forment une confédération sous le nom de DOMINION DU CANADA ; capitale *Ottawa* ; villes principales *Québec* et *Montréal*. — L'Espagne possède dans l'archipel des Antilles la grande île de CUBA, capitale *La Havane*, grand commerce de sucre et de tabac.

— A la France appartiennent les îles *Saint-Pierre* et *Miquelon*, près de l'île de Terre-Neuve, la MARTINIQUE et la GUADELOUPE, dans les Antilles.

2° L'AMÉRIQUE DU SUD.

149. Limites et relief. — Limitée par l'*océan Pacifique*, l'*océan Atlantique* et la mer des *Antilles*, l'AMÉRIQUE DU SUD est parcourue du nord au sud, c'est-à-dire de l'isthme de Panama jusqu'à son extrémité méridionale, le cap Horn, par la chaîne ou CORDILLÈRE DES ANDES, dont les sommets atteignent 7,000 mètres. La Cordillère qui contient d'ailleurs de nombreux volcans, s'élargit vers son centre et forme le haut PLATEAU DE BOLIVIE (4000 mètres). A l'est, se trouve le *plateau du Brésil* dont les plus hauts points ne dépassent pas 2,500 mètres. Enfin au nord, le *plateau de la Guyane*. Au pied de ces montagnes s'étendent des plaines immenses, les *Llanos* et les *pampas* arides et nues pendant la saison sèche, revêtues d'admirables pâturages pendant la saison des pluies.

150. Fleuves. — Les principaux fleuves sont l'*Orénoque*, le *San Francisco*, le *Rio de la Plata* et le FLEUVE DES AMAZONES ; celui-ci, qui a environ 5,000 kilomètres de longueur et plus de 200 kilomètres de largeur à son embouchure, roule à lui seul plus d'eau que tous les fleuves de l'Europe ensemble ; il arrose une immense plaine couverte de forêts vierges, à peine explorées par les hommes. Le Rio de LA PLATA, formé de plusieurs rivières importantes n'a pas une grande longueur ; mais il est si large, à son embouchure, qu'on le prendrait pour un golfe.

151. Les îles. — Les principales îles sont l'île Sainte-Catherine, sur la côte du Brésil, la TERRE DE FEU séparée du continent par le *détroit de Magellan* et les *îles Chiloé*.

152. Les États. — L'Amérique du Sud comprend : l'EMPIRE DU BRÉSIL, capitale *Rio Janeiro* ; le *Vénézuela* et les *États-Unis de Colombie* ; la *République de l'Équateur* ; le PÉROU, capitale *Lima*; la *Bolivie*; le CHILI. capitale *Santiago*, port principal *Valparaiso* ; la RÉPUBLIQUE ARGENTINE, capitale *Buenos-Ayres*; l'URUGUAY, capitale *Montevideo*; la *Guyane*.

Le BRÉSIL produit en abondance le *coton*, le *café*, le *tabac*, la *canne à sucre*, le *cacao*, le *caoutchouc*, le *bois de teinture*, dont les ports de BAHIA et le PERNAMBOUC font un grand commerce — BUENOS-AYRES, sur le Rio de la Plata, exporte beaucoup de *cuirs et de laines*, provenant des moutons et des bœufs des pampas. — Le PÉROU a des mines d'*or*, et le CHILI des mines de *cuivre*. — La GUYANE, dont une partie est à la France, produit le *sucre* et le *café*.

4° L'OCÉANIE.

153. Les divisions. — L'OCÉANIE, qui se compose du continent austral et d'un nombre très-considérable d'îles et d'archipels semés dans l'immense étendue de l'océan Pacifique, se divise en trois parties : la MALAISIE, c'est-à-dire la la partie habitée par les Malais ; la MÉLANÉSIE, ou AUSTRALASIE, ainsi nommée quelquefois parce qu'elle est en quelque sorte une dépendance de l'Asie dans l'hémisphère austral ; la POLYNÉSIE, c'est-à-dire la partie composée de nombreuses îles.

154. La Malaisie. — La plus grande île de la Malaisie est *Bornéo*.

Les principaux archipels sont : les *îles de la Sonde*, qui appartiennent presque toutes aux *Hollandais* et dont la plus importante est JAVA, capitale *Batavia* ;

Les *îles* PHILIPPINES, qui appartiennent aux *Espagnols*, et dont la capitale est *Manille*.

Ce sont des îles montagneuses, parées de la plus riche végétation de la zone torride, et fournissant au commerce du *riz*, du *sucre*, du *café*, du *poivre* et autres *épices*, de l'*étain*, du tabac.

155. La Mélanésie. — L'AUSTRALIE (continent australien) est la principale terre de la Mélanésie ; les Anglais y ont fondé des colonies florissantes, ainsi que dans la *Nouvelle-Zélande* située au sud-est et dans la *Tasmanie*. On y trouve des mines d'*or* très-importantes, et la production de la LAINE y est plus importante encore. *Sydney* et *Melbourne* en sont les principales villes. Dans la Mélanésie est la colonie française de la NOUVELLE-CALÉDONIE.

156. La Polynésie. — Les principaux groupes de la Polynésie sont la *Nouvelle-Zélande*, colonie anglaise, les *îles de la Société* aujourd'hui possession directe de la France, et les *îles Hawaii*, qui forment un royaume indigène civilisé.

RÉCAPITULATION GÉNÉRALE.

157. Les races. — ON ESTIME ENVIRON A 1400 MILLIONS LE NOMBRE DES HABITANTS DE NOTRE GLOBE. On les répartit en quatre groupes principaux ou RACES HUMAINES d'après la conformation du visage et la couleur de la peau ; 1° la RACE BLANCHE, appelée aussi *indo-européenne*, parce qu'elle s'étend de l'Inde à travers l'Asie occidentale sur la plus grande partie de l'Europe; 2° la RACE JAUNE dans la plus grande partie de l'Asie ; 3° la RACE ROUGE comprenant les indigènes de l'Amérique ; 4° la RACE NOIRE, en Afrique et en Océanie.

158. Les forces productives du globe. — Les productions du globe, surtout les productions végétales, sont généralement en rapport avec la température des pays.

Parmi les MINÉRAUX; les métaux précieux, l'OR et l'ARGENT, se trouvent surtout dans l'Amérique (CALIFORNIE, MEXIQUE, PÉROU, *Brésil*), en Océanie (AUSTRALIE) et moins abondamment en Asie (*Sibérie*, Inde, *Chine, Japon*). Le FER se rencontre dans presque toute l'Europe, principalement en ANGLETERRE, en *Belgique* et en SUÈDE ; il y est souvent accompagné du précieux combustible qu'on appelle la HOUILLE. Le CUIVRE et l'ÉTAIN sont exploités en *Angleterre*, en Océanie *(îles de la Sonde)* et au CHILI.

Parmi les VÉGÉTAUX, les plus importants sont les CÉRÉALES ou plantes alimentaires : le SEIGLE et l'ORGE dans les *climats froids* de l'Europe, de l'Asie et de l'Amérique septentrionale ; le BLÉ ou FROMENT dans les *climats tempérés*, *France, Hongrie*, RUSSIE CENTRALE, NORD-OUEST DES ÉTATS-UNIS ; le RIZ dans les *climats chauds et humides*, nord de *l'Italie*, ASIE MÉRIDIONALE et ORIENTALE. D'autres plantes donnent des condiments, comme la BETTERAVE et la CANNE qui produisent le sucre : la première dans les pays tempérés de l'Europe, *Belgique, France, Allemagne* ; la seconde dans les régions les plus chaudes, le *sud-est de l'Afrique*, l'*Inde*, les *îles de la Sonde*, le SUD DES ÉTATS-UNIS, les ANTILLES et le BRÉSIL. Trois plantes fournissent des boissons : la VIGNE qui donne le vin en FRANCE, *Espagne* et *Portugal, Italie* et *Autriche* ; le THÉ en CHINE et au *Japon* ; le CAFÉ en ARABIE, au *sud-est de l'Afrique*, aux *îles de la Sonde*, dans l'AMÉRIQUE CENTRALE, les *Antilles* et le BRÉSIL.

On distingue ensuites les PLANTES INDUSTRIELLES; d'abord les plantes textiles, le LIN et le CHANVRE, très-abondants dans les *pays tempérés de l'Europe*, RUSSIE OCCIDENTALE, BELGIQUE et *nord de la France, Ecosse* et IRLANDE ; le COTON au SUD DES ÉTATS UNIS, au *Brésil*, dans l'INDE et en *Egypte* ; puis les plantes TINCTORIALES, entre autres l'INDIGO aux INDES et la GARANCE au sud de la France.

Les ANIMAUX se divisent en *animaux domestiques* et en *animaux sauvages* Parmi les premiers sont les porteurs, comme les CHEVAUX, dans toute l'Europe, l'*Asie centrale* et les *vastes plaines de l'Amérique*, les CHAMEAUX dans les *déserts de l'Afrique* et de *l'Arabie*. D'autres animaux sont employés à deux usages : ainsi le BŒUF d'Europe, *transporté dans les plaines de l'Amérique du sud*, et les espèces semblables, YAK et ZÉBU en Asie, aident l'homme dans les travaux des champs et servent à sa nourriture ; le MOUTON est précieux à la fois pour sa viande et pour sa laine ; *les plus belles races d'Europe sont celles* d'ESPAGNE et d'ANGLETERRE ; les Anglais ont aussi transporté cet animal dans deux de leurs principales colonies, l'AUSTRALIE et le *Cap*. Dans l'AMÉRIQUE

DU SUD, le mouton est remplacé par le LAMA et l'ALPACA donnant de belles laines et servant aussi de porteurs comme le cheval et le chameau.

Le plus précieux insecte est le VER A SOIE jadis très-répandu en Italie et dans le sud de la France, mais qu'il faut aujourd'hui aller chercher jusqu'en CHINE et au JAPON.

Les animaux sauvages sont chassés, comme gibier, pour servir à la nourriture de l'homme, ou pour le haut prix de leur FOURRURE, comme les *ours blancs*, les *renards gris*, les *hermines*, les *martres*, les *zibelines* dans le nord de l'ASIE et de l'AMÉRIQUE ; les *lions*, les *panthères*, les *tigres*, les léopards, les jaguards, etc., dans les parties les plus chaudes de l'AFRIQUE, de l'ASIE et de l'AMÉRIQUE. Dans ces mêmes pays on rencontre les OISEAUX au plumage le plus éclatant, mais aussi les INSECTES les plus insupportables par leurs piqûres et les REPTILES les plus dangereux, *serpents* dans les forêts, *crocodiles, alligators* et *caïmans* dans les fleuves.

Ces productions donnent lieu à des échanges, c'est-à-dire au COMMERCE entre les différents peuples du monde. Ce commerce se fait, soit par les *routes de terre*, les *chemins de fer* et les *canaux* dans les pays civilisés, soit par des *caravanes*, c'est-à-dire par des compagnies nombreuses de marchands montés sur des chameaux et des chevaux dans la plus grande partie de l'Afrique et de l'Asie. Depuis la découverte de l'Amérique et de la route des Indes par le cap de Bonne-Espérance et depuis les 50 dernières années surtout, où la vapeur a été appliquée à la navigation, le *commerce par mer est aussi considérable que celui par terre.* Aussi des PAQUEBOTS A VAPEUR traversent continuellement l'ATLANTIQUE entre les ports français du HAVRE, de *Saint-Nazaire* et de *Bordeaux*, le port allemand de *Hambourg*, les ports anglais de *Londres*, LIVERPOOL et *Southampton* et les ports américains de NEW-YORK, la NOUVELLE-ORLÉANS, *Bahia*, RIO-DE-JANEIRO, *Montevideo* et *Buenos-Ayres*. D'autres partent de MARSEILLE et de TRIESTE pour CONSTANTINOPLE, *Alexandrie* et par le CANAL DE SUEZ pour BOMBAY, *Calcutta*, SINGAPOUR, SHANGHAÏ et *Yokohama* ; de là d'autres paquebots traversent l'OCÉAN PACIFIQUE et arrivent jusqu'aux ports d'Amérique situés sur cet océan, *Valparaiso, Panama* et SAN FRANCISCO. De MELBOURNE et de *Sydney* dans l'Australie, de nombreux navires gagnent l'Europe en passant par le cap Horn.

TABLE DES MATIÈRES

LIBRAIRIE DE BRAY ET RETAUX
82, RUE BONAPARTE, PARIS

BIBLIOGRAPHIE
CATHOLIQUE
REVUE CRITIQUE
des Ouvrages de Religion, de Philosophie, d'Histoire, de
Littérature, d'Education, etc.

destinée

A TOUTES LES PERSONNES QUI AIMENT A BIEN CONNAITRE LES LIVRES QUI PARAISSENT,
SOIT POUR LES LIRE ELLES-MÊMES,
SOIT POUR EN PERMETTRE, EN CONSEILLER OU EN DÉFENDRE LA LECTURE.

Bref du Saint-Père, encouragements de l'épiscopat, accueil favorable du public depuis 40 ans; voilà les titres de la *Bibliographie Catholique* à la confiance du public. « Vous avez, dit le Saint-Père au directeur et à ses collaborateurs, donné à votre pays une histoire littéraire de cet âge. » — « La *Bibliographie Catholique*, d'après S. E. le Cardinal Archevêque de Cambrai, éclairera les pasteurs, confesseurs, directeurs et les instituteurs de la jeunesse, dans le choix des lectures qu'ils doivent permettre, interdire ou recommander.

Elle sera un guide sûr pour *les pères et mères de famille* jaloux de ne mettre dans les mains de leurs enfants que des livres irréprochables sous le double rapport de la foi et des mœurs; elle ne sera pas moins utile à la bonne *composition des bibliothèques* catholiques qu'on ne saurait trop multiplier dans les paroisses pour servir d'antidote à la propagation des doctrines impies et immorales... »

La *Bibliographie Catholique* tient au courant du mouvement littéraire et scientifique, et complète ainsi avantageusement l'instruction des jeunes gens et des jeunes personnes.

Cette Revue, qui a pour directeur Mgr Paul Guérin, camérier de S. S. Léon XIII, l'auteur si connu des *Petits Bollandistes* et de plusieurs autres importants ouvrages, compte, parmi ses rédacteurs ordinaires, des bénédictins de Solesme et de Ligugé (D. Piolin, D. Chamard, D. Plaine), et des professeurs de toutes nos Universités catholiques.

La *Bibliographie Catholique* paraît le 25 de chaque mois. Elle forme deux volumes de 500 à 600 pages par an. Le prix de l'abonnement est de **15** francs.

1942. — Abbeville. — Typ. et stér. Gustave Retaux.